서울대 행복연구센터의 행복 리포트

대한민국 행복 지도 2022

코로나19 특집호 Ⅱ

서울대학교 행복연구센터 지음

21세기북스

코로나19 특집 II:
회복과 적응

'회복과 적응'. 2021년 대한민국의 행복을 가장 잘 나타내는 두 단어이다. 코로나 2년 차를 맞이해 2021년 확진자 수는 2020년에 비해 현저하게 증가했지만, 한국인의 행복 수준은 2020년에 비해 크게 떨어지지 않았다. 오히려 2020년에 비해 향상되는 역설적인 모습을 보였다. 외적인 생활 세계의 지표들은 악화됐지만, 한국인의 내적인 정신세계는 뉴노멀에 점차 적응해, 행복이 원래 수준으로 돌아오는 놀라운 회복 탄력성을 보인 것이다.

물론 2021년 전 기간에 걸쳐 원래의 행복 수준을 회복한 것은 아니다. 2021년 여름 이후 확진자 수가 폭발적으로 증가해 사회적 거리두기가 최고 수준으로 격상된 시점에서는 행복 수준이 급락하기도 했다. 그럼에도 불구하고 확진자 수의 가파른 증가세와 비교하면 행복의 궤적은 놀라울 정도로 회복 패턴을 보였다. 우리 내면의 저력을 보여준 한 해였다고 해도 과언이 아니다.

그러나 아쉽게도 행복의 불평등은 여전했다. 엠지(MZ)세대의 행복도는 다른 세대가 느끼는 행복 수준보다 낮았다. 특히 20~30대 여성은 남성에 비해 월등히 낮은 행복 수준을 보였다. 60대 이상은 코로나에 가장 취약한 세대임에도 불구하고 여전히 행복도가 높았다.

대재난의 상황이었지만 코로나 이전 시기의 행복 패턴에서 발견된 특징들이 2021년에도 동일하게 보였다는 점도 주목할 만하다. 예를 들어 사람들은 평일보다는 주말에 더 행복했고, 연휴 기간이나 대체 휴일에 특별히 더 행복했으며, 수요일에 유독 낮은 행복을 보였다.

『대한민국 행복지도 2022』는 코로나 특집 2탄으로서 코로나 2년 차에 접어든 대한민국의 행복을 심층 분석한 다양한 내용을 담았다.

Part 1에서는 8가지 키워드를 주제로 코로나 1년 차(2020년)와 비교했을 때 2021년에 한국인의 행복이 어떻게 변화했는지를 살펴보았다. 365일의 행복 궤적, 성별, 연령별, 지역별, 요일별 차이들을 조사 분석했으며, 가장 행복했던 날 Best 5와 가장 행복하지 않았던 날 Worst 5도 담고 있다.

Part 2에서는 서울대학교 행복연구센터와 카카오 프로젝트100이 함께 진행한 '100일간의 행복 기록'을 소개한다. 100일 동안 매일 행복을 기록한 사람들은 누구였으며, 행복을 기록한 100일 동안 어떤 변화가 있었는지 살펴보았다.

Part 3은 행복과 관련 있는 매우 흥미 있는 주제 6가지를 담고 있다.

1) **외로움** — 코로나 기간 동안 외로움의 정도는 어떻게 변했을까? 외로움과 행복의 관계는 어땠을까?

2) **유머 감각** — 유머 감각이 뛰어난 사람들이 더 행복할까?(이 분석에서 매우 흥미로운 사실은 자신의 유머 감각을 스스로 평가할 때 남성은 중년기 이후에 유머 감각이 올라간다고 답한 반면, 여성은 나이가 들면서 유머 감각이 점점 떨어진다고 답했다는 점이다. '아재 개그'는 있지만 '아줌마 개그'가 없는 이유일 수도.)

3) **정서 섭식(Emotional eating: 부정적 감정을 해소하기 위한 목적으로 먹는 행위)** — 나쁜 감정을 해소하기 위해 먹는 행위는 행복에 도움이 되는가? 남자와 여자 중 누가 정서 섭식을 많이 하는가?

4) **잔여백신 접종 의도** — 백신 접종을 누구보다 빠르게 하려는 사람과 그렇지 않은 사람들은 어떤 차이가 있는가?

5) **강한 리더에 대한 열망** — 코로나 상황에서 우리는 카리스마 있는 강력한 리더를 선호하는가? 아니면 부드러운 리더를 선호하는가?

6) **백신에 대한 두려움** — 백신 접종을 두려워하는 사람들의 특징은 무엇인가?

『대한민국 행복지도 2022』가 우리의 삶을 조용히 되돌아보는 쉼과 성찰의 기회가 되기를 희망한다.

기존 행복 조사

서울대×카카오 행복 조사

1회적으로 행복을 측정한다

일회성으로 행복을 측정할 경우,
'누가' 행복한지는 알 수 있어도
'언제' 행복한지는 알 수 없다.

1
365일 24시간 행복을 측정한다

안녕지수 측정은 365일 24시간 내내
온라인상에서 이뤄지기 때문에
기존 조사의 한계를 극복할 수 있다.

1,000명의 행복 데이터

유엔의 행복 조사에는 각국에서 15세 이상
약 1,000명이 참가한다. 이를 연령별
(20, 30, 40, 50, 60대 이상)로 나눈다면
각 연령별 응답자가 200명인 셈이고,
이를 다시 남녀로 구분하면 연령별·성별
응답자는 각각 100명밖에 되지 않는다.

2
235만 건의 행복 데이터

2021년 한 해 동안만 총 142만 7,655명이
안녕지수 조사에 참여했으며,
한 사람이 1회 이상 참가할 수 있었기 때문에
응답 건수 기준으로는 총 235만 5,332건의
행복 데이터가 수집됐다.

3
개개인의 심리적 특성을 고려한 분석

안녕지수는 각 개인의 심리적 특성들을
함께 조사함으로써 개인의 심리적 특성이
행복감에 주는 영향도 분석했다.

4
행복에 관한 '특별한 질문'에 답을 찾다

안녕지수를 통해 경제 지표와
정치 사회 여론조사만으로는 결코
알 수 없었던 '행복'에 관한 대한민국의
진짜 마음 지표를 그릴 수 있게 됐다.

대국민 행복 측정 프로젝트

서울대학교 행복연구센터 × 카카오 같이가치

안녕지수 프로젝트 소개

2008년 2월, 당시 프랑스 대통령이었던 사르코지는 3명의 경제학자에게 특명을 내린다. 2001년 노벨 경제학상 수상자인 미국 컬럼비아대학의 조지프 스티글리츠(Joseph Stiglitz) 교수, 1998년 노벨 경제학상 수상자인 미국 하버드대학의 아마르티아 센(Amartya Sen) 교수, 그리고 자국 파리정치대학의 장 폴 피투시(Jean Paul Fitoussi) 교수에게 다음의 질문들에 답을 찾는 미션을 부여한 것이다.

• 사회가 번영하고 있는지를 판단할 수 있는 최적의 통계치는 무엇일까?
• GDP만으로 사회의 번영을 측정할 수 있을까?
• GDP를 보완할 수 있는 새로운 측정치로는 무엇이 좋을까?

스티글리츠, 센, 피투시 교수가 주축이 된 '경제 성과와 사회적 진보 측정 위원회(이하 사르코지위원회)'가 내놓은 답은 다음과 같다.

첫째, 생산에서 웰빙으로 관심을 옮겨야 한다.
둘째, GDP만으로는 번영의 참된 모습을 측정할 수 없다.
셋째, 국민의 주관적 행복을 측정해야 한다.

생산에서 웰빙으로! 국가 정책 기조의 근본적인 전환을 촉구한 것이다. 사르코지위원회는 가장 중요한 첫걸음으로 국민들의 주관적 행복을 측정할 것을 권고했다.

인류는 지금까지 인류에게 중요하다고 생각하는 것들을 측정해왔다. 먹고 사는 문제가 중요하기 때문에 우리는 생산과 소비, 고용과 분배에 관한 것들을 측정했다. 또한 인간의 지적 능력이 중요하다고 생각했기 때문에 IQ라는 개념을 만들고 측정했다. 건강도 예외가 아니다. 콜레스테롤지수, 간기능지수, 체질량지수 등은 이미 우리의 일상적인 용어가 된 지 오래다. 이렇게 만들어진 경제지수, IQ, 그리고 건강지수는 날이 갈수록 더 중요해지고 있다.

무언가를 측정한다는 것은 우리 사회가 그것을 중요하게 생각하고 있음을 의미한다. 동시에 앞으로 더 중요하게 간주하겠다는 의지의 표현이기도 하다. 서울대학교 행복연구센터와 카카오 같이가치가 측정하고 있는 '안녕지수'는 이 2가지 의미에 잘 부합한다.

객관적인 삶의 조건도 중요하지만, 그런 삶의 조건에 반응하는 우리의 마음도 중요하다. 이는 객관적인 경제 상황만큼 소비자가 실제 느끼는 '체감 경기'가 중요하고, 물리적인 온도만큼 '체감 온도'가 중요한 것과도 같다. 그동안 우리는 객관적인 삶의 여건들만을 집중적으로 측정해왔다. 이제는 우리의 마음을, 우리의 행복을 '안녕지수'라는 이름으로 측정하고자 한다.

대한민국 매일매일의 안녕을 측정하다
유엔의 「세계행복보고서」를 비롯한 기존의 행복 측정치들은 중요한 한계점을 지니고 있다. 바로 '실시간으로 안녕을 측정하지 못하고 있다'는 점이다. 유엔 세계 행복 지수는 1년에 단 한 번 측정한다. 그러다 보니 매일매일의 삶에 반응하는 우리 마음의 변화를 민감하게 알아낼 수가 없다. 뿐만 아니라 조사에 동원되는 사람들의 수도 많지 않다. 유엔 행복 조사는 각 나라에서 15세 이상 성인 1,000여 명만을 대상으로 진행한다.

이런 한계를 극복하기 위해서는 다수의 사람이 실시간으로 자신의 안녕을 보고할 수 있는 플랫폼이 필요하다.

이에 서울대학교 행복연구센터는 카카오 같이가치팀과 뜻을 모아 2017년 9월부터 지금까지 한국인들의 행복을 실시간으로 측정해오고 있다. 서울대학교 행복연구센터가 개발한 '안녕지수' 측정치는 카카오 마음날씨 플랫폼(together.kakao.com/hello)에 탑재되어 있어서 이용자들이 원할 때 언제든지 자유롭게 참여할 수 있다. 뿐만 아니라 행복과 관련된 다양한 심리 검사들을 무료로 제공하고 있다.

지난해까지 4년 4개월여간 390만 명 이상의 한국인이 한 번 이상 안녕지수 테스트에 참여했고, 누적 건수로는 1,000만 건 이상의 데이터가 축적됐다. 한국에서뿐만 아니라 전 세계적으로도 이와 같이 방대한 규모의 데이터는 찾아보기 힘들다. 우리는 이 방대한 자료를 분석해 한국인들의 행복을 체계적으로 분석하고자 한다.

세계 최초, 최대 규모의 '대국민 실시간 행복 연구'

안녕지수의 특별함은 단순히 응답자가 많다는 데 있지 않다. 안녕지수는 카카오 마음날씨의 온라인 플랫폼을 활용하고 있기 때문에 사람들이 원하는 시간과 장소에서, 하루에도 몇 번이고 자신의 마음 상태를 실시간으로 자유롭게 측정할 수 있다는 강점이 있다.

실제 카카오 마음날씨 화면 ➡

2002년 노벨 경제학상을 받은 심리학자 대니얼 카너먼(Daniel Kahneman)
은 우리 안에 서로 다른 자아들, 즉 '기억하는 자아(Remembering self)'와
'경험하는 자아(Experiencing self)'가 존재한다고 이야기한다. 사람들은 자
신이 기억하는 나와 실제 행동하는 내가 같은 모습이라고 믿지만, 실제로
이 둘 간에는 상당한 괴리가 존재한다. 행복 역시 과거 '기억'에 의존된 행
복과 실제 '경험'되는 행복은 다르다.

안녕지수는 "당신은 지금 얼마나 행복합니까?"라고 묻는다. 안녕지수는 사
람들의 '지금 이 순간'에 관심을 가지고 있다. 전반적인, 평균적인 행복이
아니라 '지금 이 순간'에 느끼고 있는 만족감, 의미, 스트레스를 측정하는
것을 목표로 한다.

안녕지수가 우리에게 가르쳐줄 수 있는 것들
이를 통해 우리는 주가지수처럼 매일매일의 안녕지수를 얻을 수 있다. 또한
우리의 안녕이 중요한 국가적 사건이나 날씨와 같은 외적인 변수들에 의해
어떻게 변하는지도 민감하게 알아낼 수 있다. 지역별, 연령별, 성별, 요일별,
시간대별 안녕의 차이도 알아낼 수 있다. 무엇보다 매년 방대한 데이터가
축적됨으로써 우리 사회의 특징과 변동을 '안녕'이라는 창문을 통해서 들여
다볼 수 있다.

안녕이라는 키워드를 이용해 우리나라의 지도를 다시 그려보게 될 것이다.
지역별 행복지도, 연령별 행복지도를 상상해보자. 이런 지도들이 삶의 중요
한 대화의 소재가 될수록 우리 사회는 우리의 마음과 안녕에 더 귀 기울이
게 될 것이다.

안녕지수 데이터는 시간이 지날수록 더욱더 빛을 발할 것이다. 안녕지수 조
사에 지속적으로 참여하는 사람들이 늘어나면서, 한 개인 내부에서 일어나
는 심리 상태의 변화를 추적하는 것이 가능해질 것이다.

청소년에서 성인, 성인에서 중년이 되면서 사람들의 행복은 어떻게 달라지
는지, 그리고 한국 사회의 변화와 함께 사람들의 행복은 어떠한 모습으로
바뀌는지를 살펴볼 수 있는 귀중한 자료가 돼줄 것이다. 장기적으로 안녕지
수에 관한 데이터 구축은 한국 사회와 한국인의 마음을 이해하는 소중한 국
가적 유산을 남기는 일이 될 것이다.

Contents

당신은 지금 얼마나 행복한가요?

연령 · 지역 · 날짜 · 성별로 본 대한민국 행복지도

Korea Happiness Report

Happiness
in 2021

안녕지수 측정 방법

행복을
어떻게 측정할 수 있을까?

서울대학교 행복연구센터는 카카오 같이가치팀과 뜻을 모아 2017년 9월부터 지금까지 한국인들의 마음 상태를 측정해오고 있다. 서울대학교 행복연구센터가 개발한 행복 측정치인 '안녕지수'는 카카오 마음날씨 플랫폼에서 365일 24시간 언제든지 자유롭게 측정해볼 수 있다. 지난 4년 4개월간 390만 명 이상의 사람이 한 번 이상 안녕지수 측정에 참여했고, 누적 건수로는 1,000만 건 이상의 데이터가 축적됐다. 그런데 눈에 보이지도 않고 증명할 수도 없는 '행복'이라는 마음을 과연 어떻게 측정했을까? 안녕지수를 사용한 행복 측정 방법을 살펴보자.

행복을 측정하는 방법

행복을 측정하는 가장 확실한 방법은 사람들에게 직접 물어보는 것이다. 개인 소득 같은 객관적인 지표와 타인의 평가에 의해서가 아니라 자신의 주관적 잣대로 스스로의 삶을 평가하는 것이 행복의 핵심이기 때문이다. 그래서 심리학에서는 행복을 주관적 안녕감(Subjective well-being)이라고 부르기도 한다.

전통적으로 행복은 크게 쾌락주의적 행복관(Hedonism)과 자기실현적 행복관(Eudaimonism)으로 정의해왔다. 행복과 즐거움을 추구하는 기존의 쾌락주의적 관점에서 행복을 보다 폭넓게 정의한 것이 주관적 안녕감이다.

주관적 안녕감의 주요 요인은 '삶에 대한 만족감과 감정밸런스이며, 행복을 본인의 삶에 대한 높은 만족과 긍정정서 경험을 자주, 많이 경험하는 반면, 부정정서 경험은 상대적으로 적게 하는 것으로 정의한다.

이와는 대조적으로 자기실현적 관점에서의 행복은 자신이 가진 잠재성의 충족과 발휘를 뜻하는 자기실현으로 정의된다. 인간은 만족스럽고 즐거운 삶, 그 이상을 추구하는 존재다.

아리스토텔레스는 진정으로 행복한 삶이란 쾌(快)를 넘어 선(善)과 덕(德)이 있는 삶, 즉 의미와 목적이 있는 삶이라고 이야기했다. 자기 성장, 삶의 의미와 목적을 행복의 중요 요소로 보는 심리적 안녕감(Psychological well-being) 같은 접근을 자기실현적 행복관이라고 한다.

안녕지수 측정 문항

1	당신은 지금 당신의 삶에 얼마나 만족합니까?	삶에 대한 만족감
2	당신은 지금 얼마나 의미 있는 삶을 살고 있다고 느낍니까?	인생에서 경험하는 의미
3	당신은 지금 얼마나 스트레스를 받고 있습니까?	스트레스
4	당신은 지금 얼마나 행복합니까?	감정적 경험
5	당신은 지금 지루한 감정을 얼마나 느끼고 있습니까?	감정적 경험
6	당신은 지금 짜증 나는 감정을 얼마나 느끼고 있습니까?	감정적 경험
7	당신은 지금 즐거운 감정을 얼마나 느끼고 있습니까?	감정적 경험
8	당신은 지금 평안한 감정을 얼마나 느끼고 있습니까?	감정적 경험
9	당신은 지금 우울한 감정을 얼마나 느끼고 있습니까?	감정적 경험
10	당신은 지금 불안한 감정을 얼마나 느끼고 있습니까?	감정적 경험

실제 안녕지수 측정 화면 ➡

행복을 측정하는 10가지 질문

서울대학교 행복연구센터는 이와 같은 행복 연구의 전통과 최근 연구의 흐름을 두루 반영해 행복의 다양한 의미를 최대한 담아낸 안녕지수를 만들었다. 안녕지수는 개인의 삶의 만족감, 정서 상태, 삶의 의미와 스트레스를 묻는 총 10개 문항으로 구성되어 있다.

응답자들은 모든 질문에 대해 0부터 10까지의 11점 척도상에서 응답했으며, 이는 유엔 「세계행복보고서」와 OECD의 삶의 만족도 측정에 사용된 척도와 일치한다. 안녕지수 총점은 부정적 심리 경험 점수(스트레스, 지루함, 짜증, 우울, 불안)를 역코딩한 10개 항목의 총합으로 산출했다. 결과적으로 안녕지수가 높으면 행복감이 높은 것으로 해석된다.

안녕지수 하위 지표

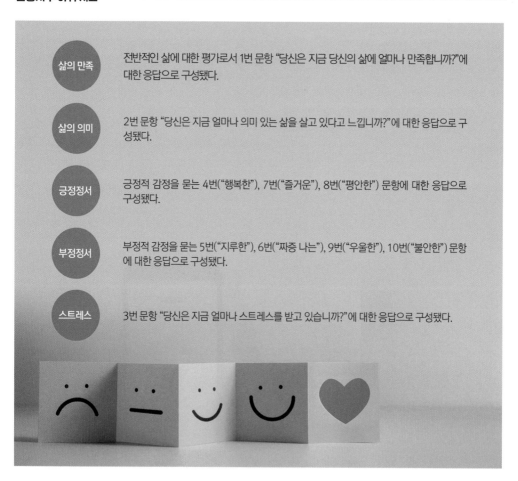

삶의 만족
전반적인 삶에 대한 평가로서 1번 문항 "당신은 지금 당신의 삶에 얼마나 만족합니까?"에 대한 응답으로 구성됐다.

삶의 의미
2번 문항 "당신은 지금 얼마나 의미 있는 삶을 살고 있다고 느낍니까?"에 대한 응답으로 구성됐다.

긍정정서
긍정적 감정을 묻는 4번("행복한"), 7번("즐거운"), 8번("평안한") 문항에 대한 응답으로 구성됐다.

부정정서
부정적 감정을 묻는 5번("지루한"), 6번("짜증 나는"), 9번("우울한"), 10번("불안한") 문항에 대한 응답으로 구성됐다.

스트레스
3번 문항 "당신은 지금 얼마나 스트레스를 받고 있습니까?"에 대한 응답으로 구성됐다.

안녕지수 프로젝트에 참가한 사람들은 누구였을까?

안녕지수 프로젝트의 성별 · 연령별 · 지역별 응답자 분포 정보

전체 응답자 142만 7,655명   응답 건수 235만 5,332건

성별 비율

단위 : 명

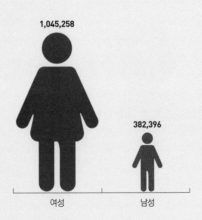

1,045,258

382,396

여성   남성

2021년 한 해 동안 총 142만 7,655명이 안녕지수 조사에 참여했다. 한 사람이 1회 이상 조사에 참여할 수 있었기 때문에 응답 건수로는 235만 5,332건의 응답이 수집됐다. 하루 평균 6,020명이 참여했고, 6,453건의 응답을 수집했다. 2021년의 경우, 무응답 1명을 제외하면 이전 해와 마찬가지로 여성 응답자(104만 5,258명, 73.2%) 수가 남성 응답자(38만 2,396명, 26.8%) 수보다 약 2.7배 더 많았다. 비록 남성 응답자가 여성 응답자보다 적었지만, 남성 응답자 수도 38만 명에 달했기 때문에 남녀 표본 수의 차이가 분석 결과에 지대한 영향을 미칠 가능성은 거의 없다고 볼 수 있다.

연령별 비율

연령으로 보면 20대가 44만 2,652명(31.0%)으로 가장 많았다. 30대도 36만 6,457명(25.7%)에 달했다. 20~30대 응답자에 비해 다른 연령, 특히 60대 이상의 참여 비율(2.3%)이 낮아서 표본 대표성에 대한 우려가 있을 수 있으나, 60대 이상도 3만 2,791명이나 참여했기 때문에 그 어느 행복 조사보다 넓은 폭의 연령의 응답자들을 충분히 확보했다고 할 수 있다.

특히 「세계행복보고서」가 각국에서 1,000명 내외의 사람을 대상으로 수집한 결과에 기초하고 있다는 점에서, 안녕지수 조사의 표본 대표성에는 큰 무리가 없다고 볼 수 있다.

또한 2021년에는 2020년과 비교해 40대, 50대, 60대 이상의 모든 연령대 그룹에서 응답자 수가 증가했다. 전체로 보면 10만 9,938명이 증가했기 때문에 이전과 비교해 2021년 자료는 연령대별로 충분한 응답자를 확보했다고 할 수 있다.

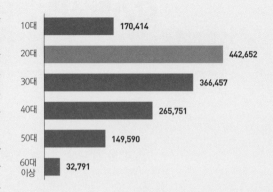

연령	응답자 수
10대	170,414
20대	442,652
30대	366,457
40대	265,751
50대	149,590
60대 이상	32,791

지역별 분포

이전과 마찬가지로 서울과 경기, 인천 등 수도권 지역 사람들이 가장 많이 참여했다. 비록 지역별로 응답자 수에 차이가 있으나, 대한민국 전체 인구에서 각 지역 인구가 차지하는 비율을 고려하면 안녕지수 조사에 참여한 사람들은 전국에 걸쳐 고르게 분포해 있다고 볼 수 있다.

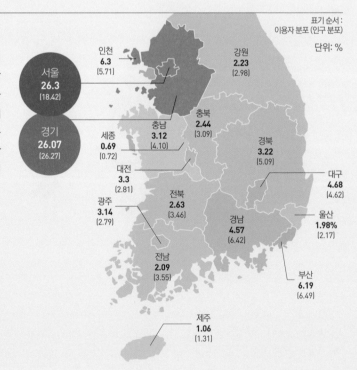

표기 순서 :
이용자 분포 (인구 분포)
단위: %

인천 6.3 [5.71]
강원 2.23 [2.98]
서울 26.3 [18.42]
경기 26.07 [26.27]
충남 3.12 [4.10]
충북 2.44 [3.09]
세종 0.69 [0.72]
경북 3.22 [5.09]
대전 3.3 [2.81]
대구 4.68 [4.62]
전북 2.63 [3.46]
광주 3.14 [2.79]
경남 4.57 [6.42]
울산 1.98% [2.17]
전남 2.09 [3.55]
부산 6.19 [6.49]
제주 1.06 [1.31]

응답 횟수별 응답자 수

표기 순서 :
응답 비율 (응답자 수)

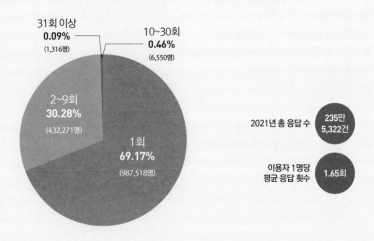

31회 이상
0.09%
(1,316명)

10~30회
0.46%
(6,550명)

2~9회
30.28%
(432,271명)

1회
69.17%
(987,518명)

2021년 총 응답 수   235만 5,322건

이용자 1명당 평균 응답 횟수   1.65회

성별×연령별 평균 응답 횟수

단위 : 회

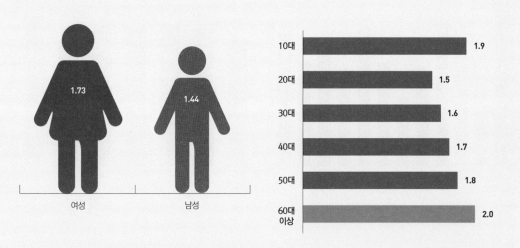

여성 1.73   남성 1.44

10대 1.9
20대 1.5
30대 1.6
40대 1.7
50대 1.8
60대 이상 2.0

전체 이용자의 99.4%가 안녕지수 10회 미만으로 응답했다. 10회 이상 응답한 이용자는 전체 0.55%로 비율상으로는 적게 느껴지지만, 명수로는 7,866명에 달한다. 20대 평균 응답 건수가 1.5회로 가장 낮았고, 남성보다는 여성 평균 응답 건수가 많았다. 2021년 최다 응답자는 대구광역시 수성구에 거주하는 만 15세 여성으로 1년 동안 513번 안녕지수 조사에 응답했다.

사람들은 언제
안녕지수에 응답했을까?

안녕지수 프로젝트의 월별 · 요일별 · 시간대별 응답자 분석

월별 응답 빈도

단위 : 회

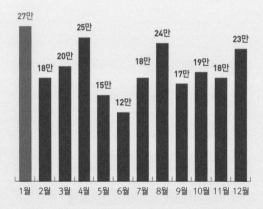

1월 2월 3월 4월 5월 6월 7월 8월 9월 10월 11월 12월

요일별 응답 빈도

단위 : 회

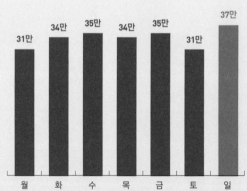

월 화 수 목 금 토 일

월별 안녕지수 응답 건수를 보면 1월이 27만 241회 (11.47%)로 가장 많았고, 6월이 12만 2,974회(5.22%) 로 가장 적었다.

월별 응답 건수에서 차이가 있는 데는 여러 이유가 있지 만, 그중에서도 새로운 심리 검사를 탑재해 응답자들의 참 여를 유도하는 안내(푸시 알람)를 보냈는지 중요하게 작동했다. 차이는 있으나, 최소 응답한 달도 12만 건을 초 과했기 때문에 월별 응답 건수의 차이가 전체 결과에 미치 는 영향은 크지 않다.

요일별 응답 횟수는 일요일(17.29%)이 가장 많았고, 토 요일(12.38%)의 응답률이 가장 낮았다.

마찬가지로 요일별로 응답 건수에서 차이는 있지만, 30 만을 넘는 숫자의 응답 건수가 수집됐기 때문에 요일별 안 녕지수의 차이를 분석하는 데는 큰 무리가 없을 것으로 보 인다.

시간대별 응답 빈도

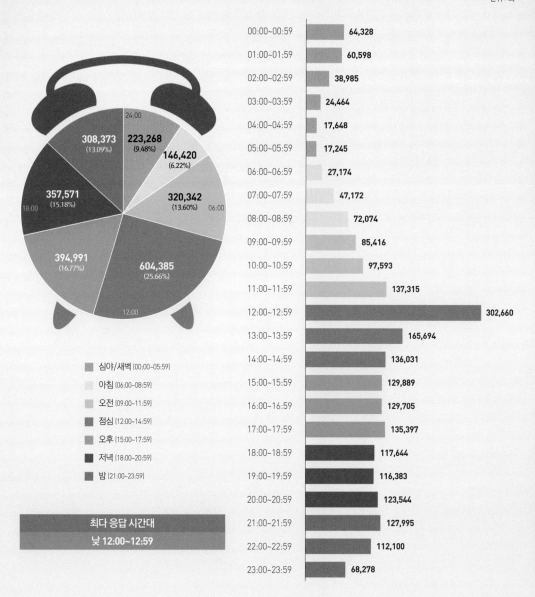

시간대	빈도
00:00~00:59	64,328
01:00~01:59	60,598
02:00~02:59	38,985
03:00~03:59	24,464
04:00~04:59	17,648
05:00~05:59	17,245
06:00~06:59	27,174
07:00~07:59	47,172
08:00~08:59	72,074
09:00~09:59	85,416
10:00~10:59	97,593
11:00~11:59	137,315
12:00~12:59	302,660
13:00~13:59	165,694
14:00~14:59	136,031
15:00~15:59	129,889
16:00~16:59	129,705
17:00~17:59	135,397
18:00~18:59	117,644
19:00~19:59	116,383
20:00~20:59	123,544
21:00~21:59	127,995
22:00~22:59	112,100
23:00~23:59	68,278

원형 차트

308,373 (13.09%)
223,268 (9.48%)
146,420 (6.22%)
357,571 (15.18%)
320,342 (13.60%)
394,991 (16.77%)
604,385 (25.66%)

■ 심야/새벽 (00:00~05:59)
■ 아침 (06:00~08:59)
■ 오전 (09:00~11:59)
■ 점심 (12:00~14:59)
■ 오후 (15:00~17:59)
■ 저녁 (18:00~20:59)
■ 밤 (21:00~23:59)

최다 응답 시간대
낮 12:00~12:59

하루 중 안녕지수 응답이 가장 빈번했던 시간대는 점심(25.66%)과 오후(16.77%)였고, 아침(6.22%)이 가장 낮았다. 1시간 단위로 나눠봤을 때는 낮 12시~12시 59분이 30만 2,660회(12.85%)로 가장 높은 응답률을 보였다. 사람들이 설문에 응답하기 가장 편안한 시간이 점심시간임을 추측할 수 있다.

하루 일과를 7개 시간대로 나눠 안녕지수를 비교한 결과, 심야/새벽의 안녕지수가 4.96점으로 다른 시간대에 비해 크게 낮았다. 이러한 양상은 2019년과 2020년에도 관찰된 것으로 심야/새벽 시간 동안 사람들의 행복이 가장 취약함을 알 수 있다.

시간대별 안녕지수

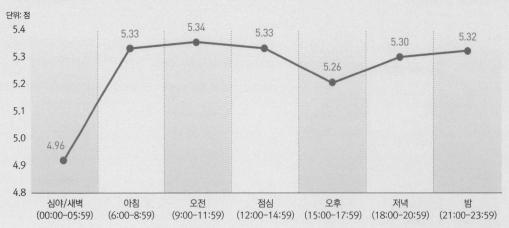

단위: 점

| 심야/새벽 (00:00-05:59) | 아침 (6:00-8:59) | 오전 (9:00-11:59) | 점심 (12:00-14:59) | 오후 (15:00-17:59) | 저녁 (18:00-20:59) | 밤 (21:00-23:59) |

4.96, 5.33, 5.34, 5.33, 5.26, 5.30, 5.32

요일×시간대별 행복 바이오 리듬

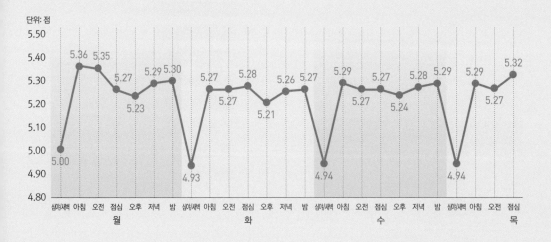

단위: 점

5.00, 5.36, 5.35, 5.27, 5.23, 5.29, 5.30, 4.93, 5.27, 5.27, 5.28, 5.21, 5.26, 5.27, 4.94, 5.29, 5.27, 5.27, 5.24, 5.28, 5.29, 4.94, 5.29, 5.27, 5.32

월 / 화 / 수 / 목

(심야/새벽 아침 오전 점심 오후 저녁 밤)

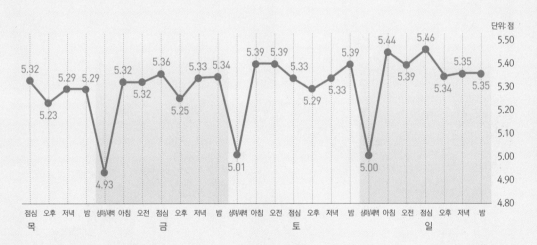

	목				금							토							일					
	점심	오후	저녁	밤	심야/새벽	아침	오전	점심	오후	저녁	밤	심야/새벽	아침	오전	점심	오후	저녁	밤	심야/새벽	아침	오전	점심	오후	저녁	밤

단위: 점

5.32 / 5.23 / 5.29 / 5.29 / 4.93 / 5.32 / 5.32 / 5.36 / 5.25 / 5.33 / 5.34 / 5.01 / 5.39 / 5.39 / 5.33 / 5.29 / 5.33 / 5.39 / 5.00 / 5.44 / 5.39 / 5.46 / 5.34 / 5.35 / 5.35

일주일 동안 시간대별로 사람들의 안녕지수 값을 평균 내어 일주일 동안의 행복 바이오 리듬을 분석했다. 분석 결과, 모든 요일에서 심야/새벽 시간에 행복감이 떨어지고 점심과 저녁 시간에 행복감이 상승하는 양상을 보였다. 일주일 중에 행복 수준이 가장 높을 때는 일요일 점심시간대(5.46점), 가장 낮은 시점은 금요일 심야/새벽 시간대(4.93점)였다. 심야/새벽 시간대를 제외하고 일주일 중 가장 행복감이 낮을 때는 화요일 오후로 안녕지수가 5.21점에 불과했다. 따라서 화요일 오후 시간대는 본인만의 소확행 활동을 통해 행복감을 끌어 올릴 필요가 있다.

Happiness in 2021

Keyword 1

코로나 2년 차
대한민국 행복의 놀라운 회복력

전대미문의 재난인 코로나가 휩쓴 한 해를 보내고 코로나 팬데믹 2년 차에 접어든 대한민국 사람들의 행복은 어떻게 변화했을까?
2021년 팬데믹 2년 차 대한민국의 행복은 2020년 팬데믹 1년 차에 비해 어떻게 달라졌을까?

2021년 한국인의 안녕지수 평균은 10점 만점에 5.28점(표준편차 2.01)[1]이었다. 안녕지수 중간값이 5점임을 감안했을 때, 2021년 한국인의 행복 수준은 '보통'이었다고 할 수 있다.

2020년 안녕지수 평균인 5.16점(표준편차 2.02)과 비교해보면 약 0.12점 높아졌다. 수치상으로는 큰 변화가 없는 것으로 보인다. 그러나 2021년 한 해 동안 주말과 주중의 안녕지수 격차가 0.09점임을 고려하면, 이는 사람들이 주중에 비해 주말에 행복이 증가하는 것 이상으로 2020년보다 2021년 한 해 동안 사람들의 행복이 높아졌다는 것을 의미한다.

2021년 대한민국의 안녕지수는 평균을 기준으로 종 모양의 정규분포 형태를 띤다. 4~6점대의 중간 안녕 그룹에 58.23%의 사람들이 집중되어 있고, 7점대 이상의 최고 안녕 그룹에는 17.73%, 3점대 이하의 최저 안녕 그룹에는 24.05%의 응답자들이 분포되어 있었다.

7점대 이상을 최고 안녕 그룹으로, 3점대 이하를 최저 안녕 그룹으로 정한 이유는 평균 5.28점을 기준으로 1표준편차(2.04) 상하 그룹에 해당하기 때문이다.

---

1 일반적으로 자료를 대표하는 값으로 '평균'을 가장 많이 사용하지만, 평균을 알아도 자료들이 평균으로부터 얼마나 흩어져 있는지에 따라 자료의 특징은 크게 달라진다. 이때 자료가 평균으로부터 얼마나 떨어져 있는지를 나타내는 수치를 표준편차(Standard deviation)라고 한다. 표준편차가 0에 가까울수록 자료값들이 평균 근처에 집중되어 있다는 뜻이며, 수치가 클수록 자료값들이 널리 퍼져 있다는 뜻이다.

팬데믹은 여전히 진행 중이지만 코로나가 우리의 삶과 행복에 미친 영향은 코로나 첫해와 동일하지는 않을 것이다.

0점 이상 1점 미만 점수대 응답자 비율은 1.92%에 달했다. 이 가운데 0점의 응답자 비율은 0.52%에 달했다. 자기 삶에 만족하지 못하고 삶의 의미를 발견하지 못했으며, 정서적 경험 역시 매우 부정적인 사람이 약 0.52%라는 점은 비율로 보면 적은 수치이지만 응답 건수로 보면 7,370건에 이르는 큰 숫자다.

반면 9점 이상에 이르는 응답자 비율도 2.23%로 3만 1,860건에 이르렀다. 2020년과 비교하면 0점대는 2.1%에서 2021년 1.92%로 약 0.18% 감소한 반면 9점대 이상은 2.2%에서 2.23%로 큰 변화가 없었다.

2021년은 코로나 2년 차에 접어든 한 해였다. 전대미문의 재난인 코로나가 휩쓴 2020년 한 해를 보내고 코로나 팬데믹 2년 차에 접어든 대한민국 사람들의 행복은 어떻게 변화했을까? 팬데믹은 여전히 진행 중이지만 코로나가 우리의 삶과 행복에 미친 영향은 코로나 첫해와 동일하지는 않을 것이다.

이번에는 2021년 코로나 2년 차를 보낸 대한민국 행복 수준이 한 해 동안 어떻게 달라졌는지 그 변화의 궤적을 살펴보고자 한다.

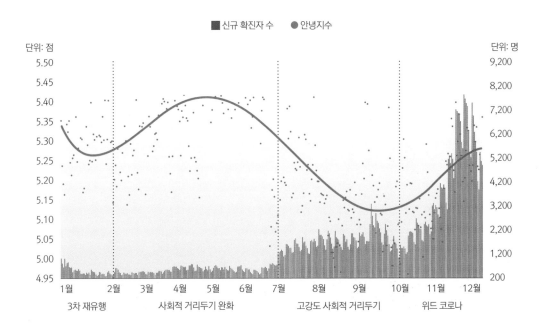

그래프 1 2021년 안녕지수 궤적

■ 신규 확진자 수　● 안녕지수

단위: 점

5.50
5.45
5.40
5.35
5.30
5.25
5.20
5.15
5.10
5.05
5.00
4.95

단위: 명

9,200
8,200
7,200
6,200
5,200
4,200
3,200
2,200
1,200
200

1월　2월　3월　4월　5월　6월　7월　8월　9월　10월　11월　12월

3차 재유행　　　사회적 거리두기 완화　　　고강도 사회적 거리두기　　　위드 코로나

[그래프1]을 보면 2021년 대한민국의 행복은 코로나 거리두기 시행에 맞춰 하락과 회복을 모두 경험했다. 3차 재유행 시기가 지나고 사회적 거리두기가 완화되면서 회복된 안녕지수는 5월에 최고 정점을 찍었다. 이후 수도권을 중심으로 한 델타 변이 바이러스 확산과 하루 확진자 1,000명 이상 발생으로 인해 결국 고강도의 사회적 거리두기를 시행하면서 웰빙이 급격하게 감소해 8월에 바닥을 친 것으로 나타났다.

여름 휴가 기간에 찾아온 고강도 사회적 거리두기로 인해 이중고를 겪은 것으로 보인다. 이후 코로나 바이러스 확산세가 완전히 누그러지지는 않았지만, 백신 접종률 증가와 단계적 일상회복에 대한 기대감으로 인해 행복 수준이 11월부터 회복되는 양상을 보였다.

행복의 각 하위 지표가 보이는 궤적을 분석한 결과도 위 결과와 동일하다. 삶의 만족, 삶의 의미, 긍정정서 모두 안녕지수의 궤적과 유사하게 사회적 거리두기 완화 기간 동안 증가하다가 고강도 사회적 거리두기 기간 동안 급격히 하락하는 패턴을 보였다. 그리고 위드 코로나 시작과 함께 연말이 가까워질수록 회복되는 패턴을 보였다.

스트레스 및 부정정서는 정확히 그 반대의 패턴을 보였다. 즉 사회적 거리두기 완화 기간에 줄어들고 고강도 사회적 거리두기 기간에 오르는 패턴을 보였다.

행복의 놀라운 회복력

코로나 첫해와 코로나 2년 차 행복 궤적 비교

2021년 대한민국의 행복은 사회적 거리두기 기간에 따라 민감하게 반응하면서 하락과 오름을 반복하는 패턴을 보였다. 그렇다면 2021년 행복의 궤적은 2020년 코로나 1년 차 행복의 궤적과 어떻게 다를까? 팬데믹 1년 차와 비교해서 팬데믹 2년 차에 접어든 대한민국의 행복은 1년 전과 동일할까?

팬데믹은 여전히 진행 중이지만 2년 차에 접어든 2021년 대한민국의 행복은 회복세를 탔을까? 아니면 누적된 피로감으로 인해 1년 전보다 더욱 악화됐을까? 이러한 물음에 답하기 위해 2021년 행복의 궤적을 코로나 1년 차인 2020년과 코로나 이전인 2019년의 행복 궤적과 비교해보았다.

국내 기준 코로나 환자가 처음 발생한 날은 2020년 1월 20일이었다. 따라서 2019년과 2020년, 2021년 모두 1월 20일부터 12월 31일 동안의 행복 궤적을 살펴보았다. 팬데믹 이전(2019년)과 코로나 첫해(2020년)의 평균 행복 궤적을 2021년의 행복 궤적과 비교한 그래프2 를 보면 2021년의 행복 궤적이 매우 상이한 패턴을 보인다는 점을 확인할 수 있다.

첫째, 연초를 제외하고는 2021년의 행복 궤적이 2020년 행복 궤적보다 전반적으로 위에 있는 것을 볼 수 있다. 2021년의 일별 신규 확진자 수가 2020년보다 월등히 많았음에도 불구하고 행복의 평균이 전반적으로 높다는 사실은 사람들이 코로나 팬데믹에 어느 정도 적응했으며 행복에서도 놀라운 적응력과 회복을 보인다는 점을 시사한다.

둘째, 2020년 행복의 궤적은 시간이 갈수록 계속 하락하는 추세였다. 그래프2 를 보면 연말에 잠시 올랐다가 하락하는 추세였지만, 확진자 수의 증감이나 사회적 거리두기 조정과는 관계없이 1년 내내 하락하는 패턴을 보였다. 반면 2021년은 하락과 오름을 보이는 시기가 있었고, 이는 주로 사회적 거리두기를 완화하거나 고강도로 시행했느냐에 따라 변화했다는 사실을 알 수 있다.

즉 코로나 첫해에는 누구도 경험해보지 못한 팬데믹 재난이 그 자체로 행복에 가장 큰 영향을 주었기 때문에 계절에 상관없이, 확진자 수가 줄어드는 것과도 상관없이 행복이 계속 하락했다. 그러나

> 코로나 첫해에는 누구도 경험해보지 못한 팬데믹 재난이 그 자체로 행복에 가장 큰 영향을 주었기 때문에 계절에 상관없이, 확진자 수가 줄어드는 것과도 상관없이 행복이 계속 하락했다.

2021년의 행복은 팬데믹 자체보다는 사회적 거리두기 시행 같은 외부 조치에 의해 더 큰 영향을 받았던 것으로 보인다.

셋째, 2021년 대한민국 행복에 연말 효과가 다시 나타났다. 2019년 궤적을 보면 연말이 다가오면서 행복이 급증하는 패턴을 보인 반면, 2020년에는 이러한 연말 효과가 사라졌다. 2020년 연말에는 3차 유행에서 비롯된 5인 이상 집합 금지라는 초고강도 사회적 거리두기를 시행하면서 행복이 감소했던 시기다.

2021년 연말도 상황은 크게 다르지 않았다. 12월 중순 코로나 확진자가 급증하면서 45일 만에 위드 코로나가 끝나고 12월 18일부터 거리두기를 다시 강화했기 때문이다. 그럼에도 2019년과 같이 연말에 행복이 오르는 패턴을 보인 것은 2021년의 대한민국 행복이 회복하고 있다는 점을 다시 한번 확인시켜준다.

넷째, 2021년 행복의 회복은 팬데믹 이전과는 다른 양상을 보였다. 2021년의 행복 궤적을 팬데믹 이전 2019년의 궤적과 비교해보면, 2021년의 회복 패턴이 반드시 코로나 이전과 동일한 패턴으로 돌아간다고 말하기는 어렵다.

2019년 행복 궤적을 보면 여름에서 가을로 가는 시기에 행복이 증가하는 패턴을 보였지만 2021년에는 2020년과 마찬가지로 오히려 행복이 대폭 하락하는 패턴을 보였기 때문이다. 아마도 코로나 1년 차와 2년 차 모두 여름에 대유행을 겪었기 때문인 것으로 보인다.

또 다른 차이는 코로나 이전인 2019년에 비해 2021년에는 봄철 행복 지수가 가파른 상승 패턴을 보였다는 점이다. 정확한 이유는 알 수 없으나, 힘겨운 코로나 1년 차를 보내고 난 뒤에 맞이한 봄철이어서 나타난 효과라고 볼 수도 있다.

매해 찾아오는 따뜻한 봄철을 코로나 1년 차에는 전대미문 감염병에 대한 공포로 인해 제대로 누리지 못했었기 때문에, 그다음 해에 찾아온 2021년의 봄은 그 어느 때보다도 반가웠을 것이다. 다행히 2021년 4월과 5월은 사회적 거리두기를 대폭 완화한 시기이기도 했다. 빼앗겼다가 되찾은 일상을 누리게 됨으로써 이례적으로 더 큰 만족과 기쁨을 경험했던 것이 아닐까?

거리두기는 행복을
떨어뜨렸지만
거리두기 완화는
다시금 우리를 행복에
가깝게 해주었다. 모든
거리두기가 종료되는
엔데믹이 찾아오는 날,
대한민국의 행복이
얼마나 회복하게 될지
행복한 상상을 해봐도
될 것 같다.

2021년 코로나 2년 차에 접어든 대한민국의 행복은 불안한 행복과 안정된 행복이 모두 공존했던 시기였다고도 볼 수 있다. 전대미문의 재난이 곧 종료되리라는 희망을 품을 수 있던 시기도 있었고, 언제 쯤 완벽한 엔딩을 맞이할 수 있을지가 이제는 전혀 예측되지 않는 어려운 시기도 경험했다.

그래도 코로나 2년 차에 접어든 대한민국 행복이 회복의 길에 올랐다는 점이 분명히 드러났다. 팬데믹은 여전히 진행 중이지만, 코로나 1년 차처럼 행복이 계속 하락하지는 않았다. 코로나로 인해 누리지 못했던 일상의 기쁨을 되찾았을 때, 오히려 코로나 이전보다 더 큰 수준으로 행복을 누렸던 시기도 있었다.

거리두기는 행복을 떨어뜨렸지만 거리두기 완화는 다시금 우리를 행복에 가깝게 해주었다. 모든 거리두기가 종료되는 엔데믹이 찾아오는 날, 대한민국의 행복이 얼마나 회복하게 될지 행복한 상상을 해봐도 될 것 같다.

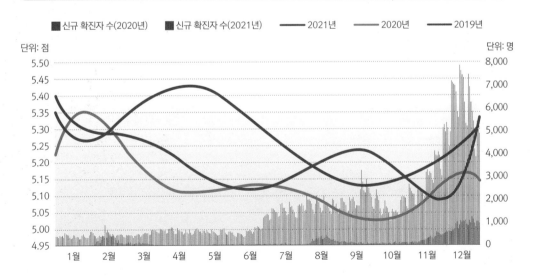

그래프 2 2019년 vs. 2020년 vs. 2021년 안녕지수 궤적

■신규 확진자 수(2020년)　■신규 확진자 수(2021년)　——2021년　——2020년　——2019년

단위: 점

단위: 명

Happiness
in 2021

Keyword 2

사회적 거리두기는
행복의 거리두기

사회적 거리두기는 우리를 행복으로부터도 멀어지게 만들었을까? 사회적 거리두기 강도에 따라 2021년 한 해 동안 대한민국 행복이 어떻게 달라졌을지 알아보자.

사회적 거리두기를 시행하면서 일상에 큰 변화가 있었다. 기존의 대면 수업은 비대면 온라인 수업으로 전환됐고, 재택근무가 증가했으며, 사람들 간 관계에도 영향을 미쳤다. 이러한 일상 변화는 행복에도 변화를 불러일으켰다. 연구에 따르면, 외출하지 않고 집 안에 머무를수록 심리적 웰빙과 다른 사람과의 유대감이 감소했다(Ford, 2020).

사회적 차원의 거리두기 시행은 사람들의 행복에 부정적인 영향을 미칠 수 있다. 싱가포르는 2020년 1월 첫 코로나 확진자가 발생한 후, 국가적 차원에서 엄격하게 사회적 거리두기를 시행했다. 2020년 4월과 5월 두 달간 록 다운을 시행했으며, 록 다운 기간 동안 마스크를 착용하지 않고 외출할 경우 벌금 24만 원을 부과하는 등 엄격한 사회적 거리두기를 통해 사람들의 일상을 통제했다.

코로나 바이러스가 확산되기 전인 2018년 8월부터 2020년 7월까지 싱가포르 사람들의 삶의 만족도 변화를 조사한 결과, 록 다운이 시작된 2020년 4월과 5월에 최저점을 기록했다(Cheng 등, 2020).

사회적 거리두기 시행이 미치는 영향은 한국에서도 발견됐다. 한국에서 첫 코로나 확진자가 발생한 2020년 1월 20일부터 4월 7일까지 카카오 안녕지수에 응답한 35만 3,340명의 안녕지수(총 응답 건수 49만 14건)를 분석한 결과, 고강도 사회적 거리두기를 시행한 3월 23일 이후에 사람들의 웰빙이 급감한 것이다(Choi 등, 2021).

코로나 2년 차에 접어든 2021년, 사회적 거리두기의 효과를 알아보기 위해 기간을 구분해 사람들의 안녕지수가 어떻게 변했는지 살펴보았다. 우선 코로나 상황에 대한 정부의 사회적 거리두기 방침 측면에서 2021년을 크게 4개의 기간으로 구분할 수 있다.

첫째, 2020년 12월 말에 시작한 '3차 재유행'의 연장 기간으로 2021년 1월과 2월 중순(2월 14일)까지가 해당한다.

둘째, 2021년 2월 중순 이후부터 6월까지 약 4개월 동안 지속된 '사회적 거리두기 완화' 기간이다. 이 기간 동안 확진자 수는 평균적으로 세 자릿수를 유지하기는 했지만, 바이러스 확산세를 어느 정도는 통제했던 시기라고 할 수 있다. 이때 사회적 거리두기는 주로 수

사회적 거리두기와 행복의 관계

사회적 거리두기 강도에 따른 행복 비교

사회적 차원의
거리두기 시행은
사람들의 행복에
부정적인 영향을 미칠
수 있다.

도권 2단계, 비수도권 1.5단계로 상대적으로 낮은 수준의 사회적 거리두기를 시행해 많은 사람이 따뜻한 봄철을 만끽할 수 있었다.

셋째, 2021년 7월 초 수도권을 중심으로 델타 변이 바이러스가 급속도로 확산되어 '고강도 사회적 거리두기'를 시행했던 기간이다 (7~10월).

예상치 못한 변이 확산으로 인해 7월 1일부터 '사회적 거리두기'를 대폭 완화하려던 계획이 일주일 연기됐다. 3차 재유행이 정점이던 2021년 1월 이후 가장 많은 확진자 수가 발생했다. 사실상 4차 재유행이 시작됐으며 거리두기는 4단계로 격상됐고 여름 휴가철에 대한 기대가 물거품이 됐던 기간이다.

넷째, 위드 코로나 기간으로 2021년 11월과 12월이 여기에 속한다. 여전히 신규 확진자 수가 네 자릿수를 기록하고 있었지만, 높은 백신 접종률에 힘입어 10월 중순부터 단계적 일상회복을 준비했고 11월 1일부터 본격적인 위드 코로나가 시작됐다. 방역패스 제도하에 영업시간, 사적 모임 제한을 크게 완화해 일상의 활기를 일부 되찾았던 시기다.

12월 중순 이후 오미크론 변이로 인한 재확산이 시작됐지만, 시기적으로 매우 짧기 때문에(약 2주) 따로 구분하지 않고 위드 코로나 이후 기간으로 포함해 살펴보기로 했다.

2021년 대한민국 행복의 변화 추이를 기간에 따라 살펴보면, 사회적 거리두기의 완화 혹은 강화에 따라 행복 수준에도 변화가 있음을 명확히 확인할 수 있다. 사회적 거리두기를 대대적으로 완화했던 시기에 가장 행복했고, 고강도 사회적 거리두기를 시행했을 때 가장 불행했다(그래프3).

2021년 시행한 사회적 거리두기의 효과를 확인하기 위해서는 2020년 같은 기간과 비교할 필요가 있다. 그래프4 에서 2021년 사회적 거리두기에 따른 4개의 기간(3차 재유행, 사회적 거리두기 완화, 고강도 사회적 거리두기, 위드 코로나)을 2020년과 비교했다.

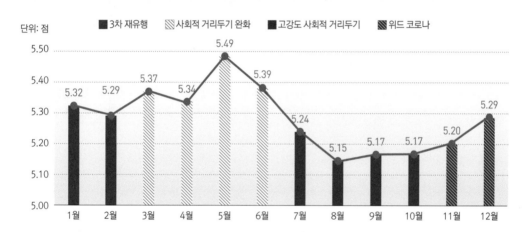

그래프 3 2021년 대한민국 월별 안녕지수

단위: 점

■3차 재유행   ▧사회적 거리두기 완화   ■고강도 사회적 거리두기   ▨위드 코로나

5.49 / 5.39 / 5.37 / 5.34 / 5.32 / 5.29 / 5.24 / 5.20 / 5.29 / 5.17 / 5.17 / 5.15

1월 2월 3월 4월 5월 6월 7월 8월 9월 10월 11월 12월

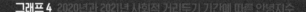

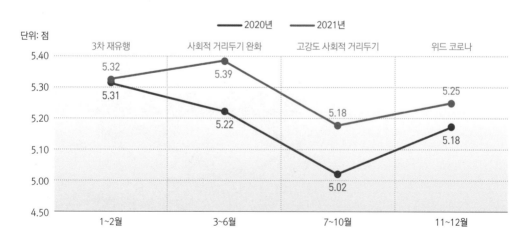

그래프 4 2020년과 2021년 사회적 거리두기 기간에 따른 안녕지수

단위: 점

—2020년   —2021년

3차 재유행 / 사회적 거리두기 완화 / 고강도 사회적 거리두기 / 위드 코로나

5.32 / 5.31 / 5.39 / 5.22 / 5.18 / 5.25 / 5.02 / 5.18

1~2월 3~6월 7~10월 11~12월

거리두기를
완화하거나
위드 코로나를
시행하는 것은
2020년과 2021년
모두 사람들의
안녕지수 향상에
긍정적인 영향을
미쳤다.

2020년과 비교했을 때 사회적 거리두기를 완화했던 3월부터 6월까지 가장 큰 차이를 보였다. 이 기간의 안녕지수를 살펴보면 2020년은 5.22점인 반면 2021년은 5.39점이다. 2020년과 비교했을 때 2021년의 안녕지수는 0.17점 높았다.

사회적 거리두기를 시행한 기간과 완화한 기간의 안녕지수 차이를 살펴보기 위해 다음과 같이 다시 구분했다. 3차 재유행과 고강도 사회적 거리두기 기간은 '사회적 거리두기 기간'으로, 사회적 거리두기 완화와 위드 코로나 기간은 '사회적 거리두기 완화 기간'으로 나눴다.

먼저 사회적 거리두기 기간의 평균은 2020년은 5.17점인 반면 2021년은 5.24점으로 약 0.07점 차이가 있었다. 다음으로 사회적 거리두기가 완화된 기간을 비교한 결과 2020년은 5.20점, 2021년에는 5.32점으로 약 0.12점 더 높았다.

앞선 결과는 사회적 거리두기의 시행과 완화 기간에 따른 안녕지수의 차이를 보여주는 것으로 사회적 거리두기 시행 여부가 사람들의 행복에 미치는 영향을 설명하지 못한다. 거리두기 완화가 사람들의 행복을 얼마나 높여주는지, 부정적인 정서 경험이나 스트레스는 얼마나 감소시키는지 확인하기 위해 추가 분석을 했다.

그래프 5 는 사회적 거리두기 완화가 안녕지수에 미치는 영향을 비표준화 회귀계수(Unstandardized regression coefficient)[2]로 나타낸 것이다.

먼저 사회적 거리두기를 시행했을 때와 비교해보았다. 거리두기를 완화하거나 위드 코로나를 시행하는 것은 2020년과 2021년 모두 사람들의 안녕지수 향상에 긍정적인 영향을 미쳤다. 2020년에는 안녕지수가 0.08점 상승한 반면 2021년에는 0.11점 상승했다.

2021년 시행한 거리두기 완화는 사람들의 부정적인 정서 경험을 감소시키는 데 더 큰 영향을 발휘했다. 2020년과 비교했을 때, 사회적 거리두기 완화와 위드 코로나는 사람들의 긍정적인 정서 경험을 높이기보다 부정적인 정서 경험을 감소시켜 전반적으로 안녕지수 향상을 이끈 것으로 보인다. 특히 부정정서 경험 중 지루함에 미치는 영향이 두드러졌는데, 2021년 사회적 거리두기 시행은 사람들의 지루함을 0.31점 감소시켰다.

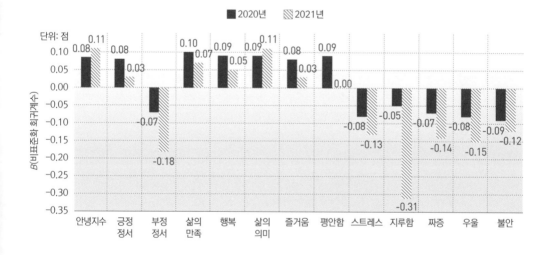

그래프 5 2020년과 2021년 사회적 거리두기 완화 기간이 안녕지수에 미치는 영향력

---

2 비표준화 회귀계수('B'로 표기)는 한 변인의 값이 한 단위 변할 때, 다른 변인이 변하는 정도를 의미한다. 다시 말해 사회적 거리두기를 시행했을 때(0)와 비교해 거리두기를 완화(1)했을 때 안녕지수 점수가 변하는 정도를 나타낸다.

사회적 거리두기를 시행하면서 일상에 큰 변화가 있었다.
기존의 대면 수업은 비대면 온라인 수업으로 전환됐고,
재택근무가 증가했으며, 사람들 간 관계에도 영향을 미쳤다.
이러한 일상 변화는 사람들의 행복에도 변화를 불러일으켰다.

Happiness
in 2021

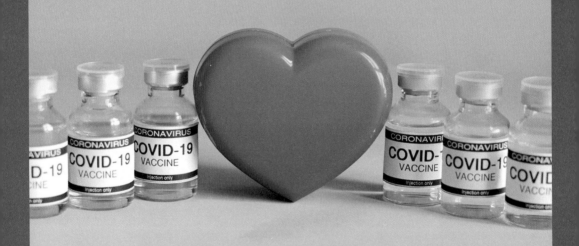

Keyword 3

굳건한 60대와
팬데믹에 지쳐버린 청춘

코로나 2년 차 기간 동안 연령에 따른 행복 차이는 어떠할까? 엠지세대의 행복은 다른 세대의 행복과 어떻게 다를까?

코로나 2년 차에도 행복을 경험한 60대

코로나 2년 차인 2021년은 2020년에 비해 확진자 수가 급증했다. 2020년 1월 20일부터 12월 31일까지 누적 확진자 수는 6만 726명, 하루 평균 176여 명이 확진됐다. 2021년 1월 1일부터 12월 31일까지 누적 확진자 수는 57만 97명, 하루 평균 1,561명이 확진돼 2020년과 비교했을 때 약 9배 증가했다.

확진자 급증 외에도 코로나 변이 바이러스의 확산으로 인해 사람들의 건강이 위협받고 있다. 코로나 감염은 젊은 사람보다 노년층의 건강을 더 크게 위협한다. 그래프6 에서 연령대에 따른 확진자와 사망자 수를 살펴보면 60대 이후에 코로나 감염으로 인한 사망자 수가 급증하는 것을 확인할 수 있다.

신체적 건강뿐 아니라 심리적 영역인 행복에서도 코로나는 젊은 사람보다 나이 많은 연령층에 더 위협적일 수 있다. 그러나 코로나 첫해에도 그렇고 코로나 2년 차인 2021년에도 연령에 따른 행복 평균 차이는 여전히 U자형 패턴이었다. 10대 때 전체 안녕지수 평균값보다 높다가 20대와 30대로 가는 동안 행복이 최저로 하락하지만, 그 후 반등하기 시작해 60대에 이르면 10대 점수를 뛰어넘는 양상을 보인다(그래프7).

어느 연령대가 가장 행복했을까?

연령별 행복 비교

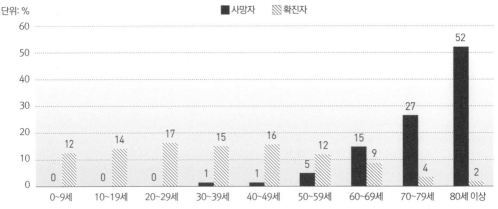

그래프 6 연령대에 따른 확진자 및 사망자 비율 (2022년 2월 27일 00시 기준)

단위: %

■ 사망자　▧ 확진자

연령	사망자	확진자
0~9세	0	12
10~19세	0	14
20~29세	0	17
30~39세	1	15
40~49세	1	16
50~59세	5	12
60~69세	15	9
70~79세	27	4
80세 이상	52	2

출처: http://ncov.mohw.go.kr/bdBoardList_Real.do

044

이러한 양상은 2018년과 2019년에도 동일하게 발견된 패턴이다. 심리적 웰빙의 다른 하위 지표들인 삶의 만족, 삶의 의미, 긍정정서인 행복과 즐거움, 평안함에서도 동일했다. 반면 부정적인 심리 경험인 스트레스, 지루함, 짜증, 우울, 불안은 역 U자형의 패턴을 관찰할 수 있었다(그래프 8).

이러한 결과가 코로나 팬데믹 이전에도 이후에도 유지된다는 사실은 나이가 많은 사람이 정서적으로 훨씬 더 안정되고 실존적 위협에 잘 대처한다는 기존 연구에서 여전히 그 해답을 찾을 수 있을 것이다(Carstensen 등, 2020).

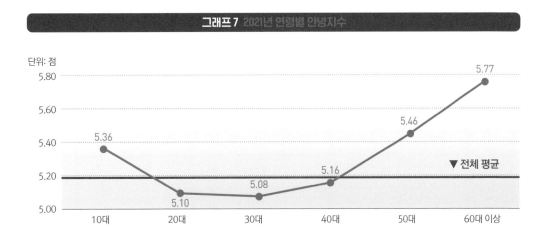

그래프 7 2021년 연령별 안녕지수

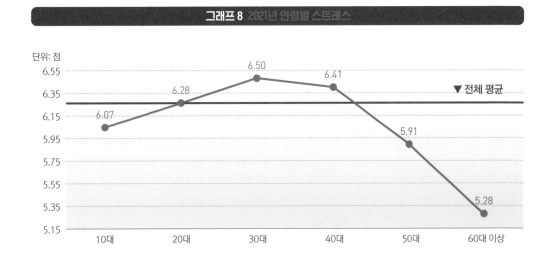

그래프 8 2021년 연령별 스트레스

마음백신을 맞지 못한 엠지세대

코로나는 사람들의 신체적 건강을 위협할 뿐 아니라 우리 사회의 많은 부분에도 변화를 일으켰다. 특히 사회적 거리두기로 인해 외부 활동이 제한되고 모임이 취소되는 등 사회적 관계를 위한 활동이 축소됐다.

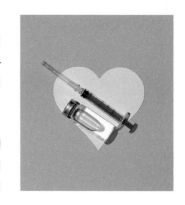

사회적 거리두기를 완화했던 시기가 있었지만 위드 코로나를 시행하기 시작한 2021년 11월 전까지 약 2년 동안 사적 모임과 여행이 제한됐다. 이는 특히 사회적 관계 활동을 활발하게 해온 엠지세대의 행복을 위협할 수 있다.

2021년 한 해 동안 뉴스에 빠지지 않고 등장한 단어 중 '엠지(MZ)세대'가 있다. 엠지세대는 두 세대를 아울러 부르는 말로, 1980년과 1994년 사이에 태어난 밀레니얼 세대와 1995~2004년에 태어난 Z세대를 통칭한 세대를 일컫는다.

이들은 트렌드를 이끌고 변화에 민감한, 가장 주목받는 세대로 최근 사회·문화·경제의 변화를 이끄는 주축으로 주목받고 있다. 엠지세대 사이에서 만들어진 트렌드가 사회의 주류 문화로 자리 잡는 데까지 1년이 채 걸리지 않기도 한다.

2021년 2월 통계청 기준으로, 경제활동인구 약 2,772만 명(통계청, 2021) 중에서 엠지세대가 차지하는 비중은 45%로 적지 않다. 이들 엠지세대는 현재 대한민국의 변화를 주도하고 있는 세대이기 때문에 이들의 행복 수준이 다른 세대와 어떻게 다른지, 2021년 한 해 동안 어떻게 변화했는지를 독립적으로 살펴보는 것은 그 자체로 흥미로운 주제다.

이와 함께 코로나가 사회적 관계 활동이 축소된 엠지세대의 행복에 어떠한 영향을 미쳤는지 알아보고자 했다. 이를 위해 서울대학교-카카오 같이가치 데이터베이스 응답자 비율에 맞춰 2021년 기준으로 만 41세(1980년 이후 출생)까지를 엠지세대(72.12%), 나머지 만 42세 이상을 기성세대(27.88%)로 구분하고 2021년 한 해 동안 엠지세대의 행복이 다른 세대의 행복과 어떻게 다른지를 살펴보았다.

2021년 행복 평균값을 비교한 결과, 그래프 9 같이 전반적으로 엠지세대는 기성세대에 비해 긍정적인 심리 경험을 덜하고 부정적인 심리 경험을 더 많이 하는 것으로 나타났다. 엠지세대의 행복은 안녕지수를 포함해 삶의 만족도와 삶의 의미 모두 기성세대보다 낮았다. 행복함, 즐거움, 평안함 같은 모든 긍정정서 지표에서도 기성세대보다 점수가 낮았다.

반면 스트레스는 기성세대보다 엠지세대의 점수가 월등히 높았으며, 짜증을 제외한 모든 부정정서(지루함, 우울, 불안) 항목에서 기성세대보다 점수가 높았다.

이러한 차이는 2021년에만 특별히 나타난 것일까? 아니면 이전부터 존재해오던 차이일까? 이를 알아보기 위해 코로나 이전인 2019년 자료와 코로나 첫해 자료를 사용해 3년간 엠지세대와 기성세대 간 행복 수준의 차이가 어떻게 달라졌는지 비교해보았다.

결과부터 말하면 엠지세대가 기성세대보다 심리적 웰빙이 낮은 것은 2021년에 특별히 발견된 현상은 아니었다. 코로나 전인 2019년에도, 코로나 첫해인 2020년에도 엠지세대는 기성세대보다 심리적 웰빙을 잘 누리지 못했다.

그래프 10 을 통해 알 수 있듯이, 크고 작은 변동은 있었지만 3년간 엠지세대는 다른 세대보다 긍정적인 지표의 점수는 낮고 부정적인 지표의 점수는 높은 양상을 보여왔다. 그래도 해가 바뀔수록 기존의 차이가 크게 벌어지지는 않았다는 점이 다행이다.

그래프 9 엠지세대 vs. 기성세대: 안녕지수 및 하위 지표 평균값

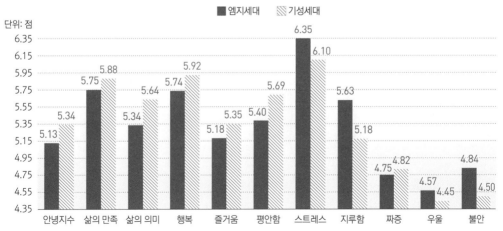

삶의 만족도와 삶의 의미의 경우, 2019년에 비해 2020년에 엠지세대와 기성세대 간 차이가 크게 벌어지기는 했지만, 2021년에 접어들면서는 차이가 감소하는 추세를 보였다.

전체 평균 비교를 넘어, 2021년 한 해 동안 각 행복 점수가 어떻게 변화했는가를 봐도 엠지세대는 기성세대와 구분되는 특징이 있다. 행복 점수의 궤적을 보면 엠지세대는 기성세대보다 변동 폭이 작으며 기간에 따른 변화를 덜 겪었다.

안녕지수의 하위 지표인 삶의 의미를 통해 엠지세대와 기성세대의 행복이 한 해 동안 어떻게 변화했는지를 그래프11 에서 살펴보았다. 기성세대는 기간에 따라 삶의 의미 궤적의 변동 폭이 매우 컸던 반면, 엠지세대는 변동이 거의 없다시피 했다. 이는 다른 긍정적인 심리적 경험인 삶의 만족도, 긍정정서에서도 동일했다.

다른 세대에 비해 심리적 웰빙 점수도 낮고, 기간에 따른 변동 폭도 낮은 이러한 결과는 엠지세대의 마음 상태에 대해 어떤 정보를 전달하고 있을까? 엠지세대는 다른 세대에 비해 심리적 웰빙에 크게 신경 쓰지 않는 특징을 가진 세대일까? 아니면, 비록 행복 수준은 다른 세대보다 낮지만 엠지세대는 외부 환경의 변화에 크게 흔들리지 않고 안정적으로 심리적 웰빙을 유지하는 방식을 잘 터득한 세대일까?

> 엠지세대는 다른 세대에 비해 심리적 웰빙에 크게 신경 쓰지 않는 특징을 가진 세대일까?

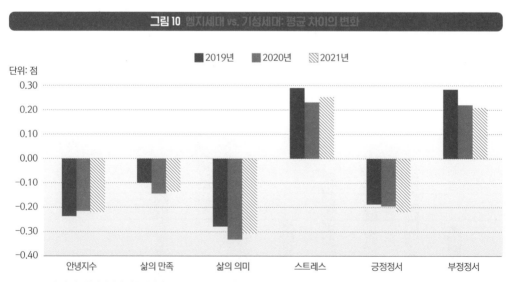

그림 10 엠지세대 vs. 기성세대: 평균 차이의 변화

■2019년 ■2020년 ▨2021년

단위: 점

안녕지수   삶의 만족   삶의 의미   스트레스   긍정정서   부정정서

* 각 점수는 엠지세대의 평균값에서 기성세대의 평균값을 뺀 값으로 양수는 엠지세대의 점수가 더 높은 것을, 음수는 엠지세대의 점수가 더 낮은 것을 의미함.

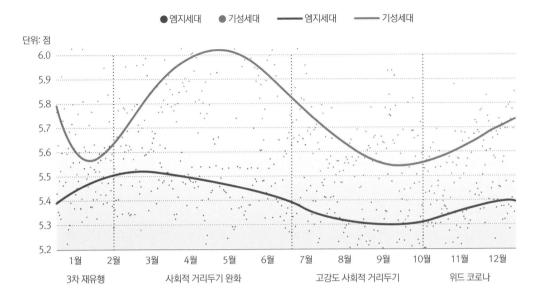

코로나 2년 차인 2021년 우리 사회는 그 어느 때보다 급변했다. 알파부터 델타, 오미크론까지 다양한 코로나 변이 바이러스에 대처함과 동시에 위드 코로나를 위한 준비도 시작했다. 다행스러운 점은 이렇게 예상할 수 없는 상황에서도 엠지세대의 행복은 크게 흔들리지 않았다. 비록 기성세대보다 행복의 평균값은 낮지만, 변화 폭이 작다는 사실은 이들의 심리적 웰빙이 다른 세대보다는 안정적인 상태임을 말해주고 있을지 모른다.

그렇다면 부정 지표의 변화 궤적은 어떠할까? 부정 지표의 평균값은 다른 세대보다 높지만, 긍정 지표만큼이나 부정 지표의 궤적 역시 기간에 따라 잘 변하지 않는 패턴을 보일까?

만일 엠지세대가 외부 환경의 변화에 따라 심리적 웰빙이 크게 타격을 받지 않으면서 안정적으로 웰빙을 유지하는 방법을 잘 터득한 세대라면 부정 지표에서도 상대적으로 변화를 덜 겪어야 한다. 하지만 그렇지 않았다. 긍정적 지표에서 1년 동안 거의 변화가 없었던 것과는 반대로 스트레스, 우울, 불안, 지루함, 짜증 등 부정 지표에서는 다른 세대 못지않게 크게 흔들리는 양상을 보였다.

엠지세대의 즐거움과 지루함의 궤적을 그린 그래프12 를 보면, 즐거움은 변동이 거의 없었던 반면 지루함의 변동 폭은 매우 큰 것을 볼 수 있다. 엠지세대의 삶의 만족도와 스트레스를 비교한 그래프13 을 봐도 마찬가지다. 이들의 삶의 만족도는 전반적으로 감소하는 패턴을 보이는 반면 스트레스는 오름과 하락을 모두 경험했고 변동 폭 역시 더 컸다.

유일하게 엠지세대가 흔들린 것이 있었다. 심리적 웰빙의 긍정 지표 면에서는 1년 동안 변화가 거의 없다시피 했지만, 부정 지표 면에서는 다른 세대만큼이나 큰 변동을 겪었다.

이러한 결과는 2021년 한 해 동안 엠지세대가 경험한 행복 수준에 대해 어떤 메시지를 담고 있을까? 어쩌면 엠지세대는 삶의 의미, 삶에 대한 만족감, 행복한 기분 같은 심리적 웰빙 부분에서는 크게 만족할 만한 일은 없었고, 반복되는 스트레스와 시도 때도 없이 찾아오는 지루함, 우울, 불안감에 시달렸던 것은 아닐까?

대한민국에서 엠지세대는 그들의 부모보다 가난한 최초의 세대로, 가장 불행한 세대로 불리기도 한다(이윤정, 2021). 높은 청년 실업률, 과도한 경쟁, 집값 폭등으로 인해 내 집 마련은 꿈조차 어려운 현실을 직격탄으로 맞은 세대다.

엠지세대는 사회적 압력, 가족이나 부모의 기대보다 본인의 가치관에 따라 자신의 길을 자유롭게 선택하는 것이 장려되고 존중받는 사회적 분위기에서 성장했다. 따라서 어쩌면 이들은 어떻게 행복을 추구해야 하는지에 대해 이전 어떤 세대보다 능숙한 세대가 될 수도 있다.

엠지세대만이 가진 독특한 창의력과 개성이 더 발현될 수 있도록 이들의 행복 수준에 관심을 기울이는 것은 대한민국 사회의 행복 수준을 높이고 건강한 사회적 분위기를 구축하는 지름길이 될 것이다. 엠지세대의 행복을 계속 주시할 필요가 있다.

엠지세대만이 가진 독특한 창의력과 개성이 더 발현될 수 있도록 이들의 행복 수준에 관심을 기울이는 것은 대한민국 사회의 행복 수준을 높이고 건강한 사회적 분위기를 구축하는 지름길이 될 것이다.

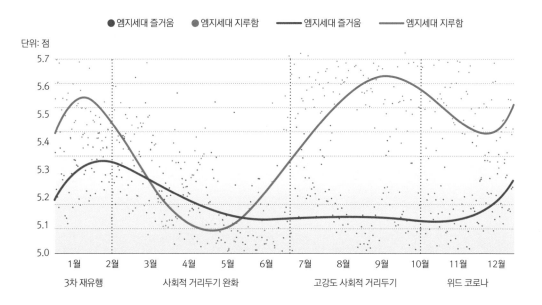

그래프 12 2021년 엠지세대의 즐거움과 지루함 변화 궤적

● 엠지세대 즐거움　● 엠지세대 지루함　── 엠지세대 즐거움　── 엠지세대 지루함

단위: 점

3차 재유행　　　　사회적 거리두기 완화　　　　고강도 사회적 거리두기　　　　위드 코로나

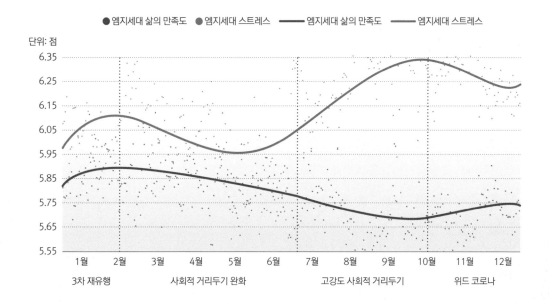

그래프 13 2021년 엠지세대의 삶의 만족도와 스트레스 변화 궤적

● 엠지세대 삶의 만족도　● 엠지세대 스트레스　── 엠지세대 삶의 만족도　── 엠지세대 스트레스

단위: 점

3차 재유행　　　　사회적 거리두기 완화　　　　고강도 사회적 거리두기　　　　위드 코로나

Happiness in 2021

Keyword 4

코로나로 인해 삶이 무거운
2030 여성

남성과 여성 중 누구의 행복이 더 감소했을까? 연령과 성별을 동시에 감안했을 때 행복이 가장 낮은 사람들은 누구였을까?

2021년 한 해 동안 안녕지수가 변화한 정도가 성별에 따라 다른지 살펴보았다. 이를 위해 남성 38만 2,364명(26.78%)과 여성 104만 5,290명(73.22%)의 자료를 분석했다. 분석에는 이들이 제공한 남성 54만 9,464건(23.33%), 여성 180만 5,866건(76.67%) 총 235만 5,330건의 응답을 사용했다.

2021년 성별 간 행복 평균값을 비교한 결과, 그래프14 를 보면 남성이 여성에 비해 안녕지수가 높았다. 남성의 안녕지수 평균값은 5.36, 여성의 안녕지수 평균값은 이보다 낮은 5.13이었다. 안녕지수의 하위 지표에서도 같은 패턴이었다.

긍정적인 심리 경험인 삶의 만족도와 삶의 의미, 긍정정서는 여성보다 남성이 점수가 더 높았고, 스트레스와 부정정서 같은 부정적인 심리 경험은 여성이 남성보다 더 높았다. 이러한 결과는 안녕지수를 측정해온 이래로 해마다 관찰됐던 결과다.

다음으로는 한 해 동안 남성과 여성의 행복 점수가 어떻게 변화했는지 살펴보았다. 그래프15 에서 12달 동안 남성과 여성의 웰빙이 어떻게 달라졌는지 보면, 남성은 모든 기간에서 여성의 웰빙 점수를 훨씬 웃도는 행복을 경험했다. 그에 반해 여성은 사회적 거리두기를 완화했던 2021년 초반에만 높은 심리적 웰빙을 경험했으며, 모든 기간에서 전체 평균보다 심리적 웰빙이 낮았다. 이러한 패턴은 삶의 만족도, 삶의 의미, 긍정정서에서도 마찬가지였다. 여성의 행복 궤적은 남성의 행복궤적보다 항상 아래에 있었다.

2030 여성의 스트레스가 높은 이유

성별 행복 비교

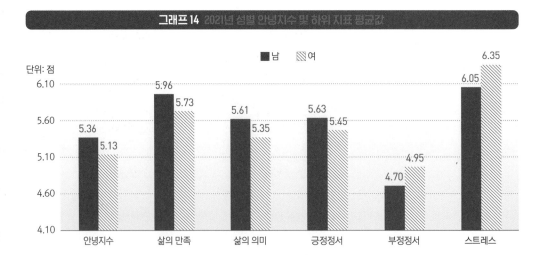

그래프 14 2021년 성별 안녕지수 및 하위 지표 평균값

■ 남　▨ 여

단위: 점

지표	남	여
안녕지수	5.36	5.13
삶의 만족	5.96	5.73
삶의 의미	5.61	5.35
긍정정서	5.63	5.45
부정정서	4.70	4.95
스트레스	6.05	6.35

그래프 16 의 스트레스에서 나타난 성별 차이를 봤을 때도 마찬가지의 패턴을 확인할 수 있다. 남성의 스트레스와 부정정서는 12달 모두 여성보다 낮았으나, 여성은 모든 기간에서 남성보다 높은 스트레스를 경험했다. 이러한 결과는 부정정서에서도 마찬가지였다.

즉 여성은 남성보다 365일 동안 꾸준히 행복지수가 낮았다. 이러한 평균 차이는 안녕지수를 측정해온 이래로 지속적으로 관찰된 결과다. 심지어 코로나 첫해에도 그 차이는 좁혀지지 않음을 이미 확인했었다. 평소에도 존재하는 남녀 간 기저 수준의 차이가 2021년에도 여전히 진행 중이라고 할 수 있다.

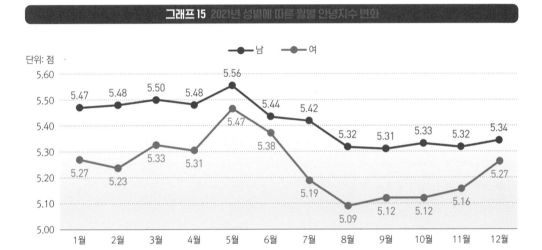

그래프 15 2021년 성별에 따른 월별 안녕지수 변화

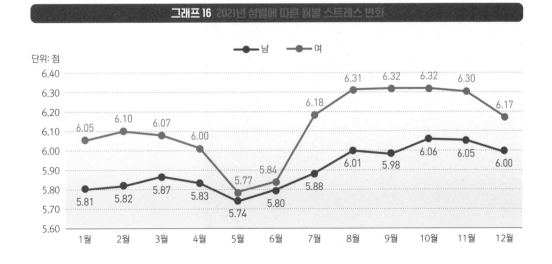

그래프 16 2021년 성별에 따른 월별 스트레스 변화

단순 평균 차이를 넘어 월별 행복 수준이 변화한 정도 역시 남녀 간에 차이가 있었다. 긍정 지표와 부정 지표의 변동 폭 모두 남성보다 여성이 더 컸다. 그래프15 , 그래프16 에 나와 있듯이 행복 수준의 변화와 스트레스 수준의 변화 모두 남성보다 여성이 기간에 따라 더 크게 달라지고 있음을 알 수 있다.

기간에 따라 어느 정도 차이는 있지만, 남성은 대체로 높은 행복 수준을 안정적으로 유지하고 있다. 반면 여성은 기간에 따라 상대적으로 더 큰 변동을 겪었다. 이는 여성이 남성보다 외부 상황에 더 민감하게 반응한다는 기존의 연구 결과와 일치한다(Cross & Madson, 1997).

왜 여성의 행복 변화 정도가 더 심했을까? 이는 코로나 첫해와 마찬가지로 코로나 팬데믹으로 인한 보육 부담이나 경제적 어려움이 남성보다 여성에게 더 가중됐다는 여러 연구 결과에서 여전히 그 이유를 찾을 수 있을 것으로 보인다.

코로나 2년 차에도 남녀의 행복 평균은 예년과 마찬가지로 차이가 존재하며, 사회적 기간에 따른 행복의 감소 정도가 여성에게 더 컸다. 그래도 여성의 행복 오름세 정도가 큰 폭이었다는 것은 다행이다. 그래프15 를 보면 위드 코로나 이후(11월 이후) 여성의 웰빙 회복세가 남성에 비해 상대적으로 더 컸음을 확인할 수 있다. 여성들의 행복 저하의 이유에 대한 단서를 얻기 위해 성별과 연령 간의 관계를 탐색해보자.

코로나 2년 차에도 남녀의 행복 평균은 예년과 마찬가지로 차이가 존재하며, 사회적 기간에 따른 행복의 감소 정도가 여성에게 더 컸다.

성별 × 연령 효과: 여전히 고달픈 20~30대 여성

앞서 우리는 행복이 성별과 연령별로 다르다는 것을 보았다. 남성이 여성보다 더 행복했고, 20대 이후부터는 행복감이 점차 증가해 60대 이상에서 최고의 행복을 경험했다. 그렇다면 연령에 따른 남녀의 행복 차이는 어떨까? 모든 연령에서 남성이 여성보다 행복했는지, 아니면 특정 연령에서만의 현상인지 알아보고자 연령에 따른 남녀의 안녕지수를 분석해보았다.

남녀의 연령에 따른 안녕지수 **그래프 17** 을 보면 남성이 여성보다 행복한 것은 10대에서 40대 사이에 국한되는 현상임을 발견할 수 있다. 남성과 여성의 안녕지수는 10대에서 차이가 가장 컸고 20대와 30대를 지나며 그 차이가 줄어들다가 40대에서 매우 작아졌다. 50대에서 여성의 안녕지수가 남성을 앞지르고 60대에 이르러 여성과 남성 모두 높은 수준의 행복을 누리게 된다.

성별과 연령을 동시에 감안했을 때 안녕지수가 가장 낮은 집단은 여성 중에서도 20대와 30대였다. 이러한 결과는 2021년에 특별히 나타난 현상은 아니다. 안녕지수를 측정해온 이래로 해마다 20~30대 여성은 행복 점수가 가장 낮았다.

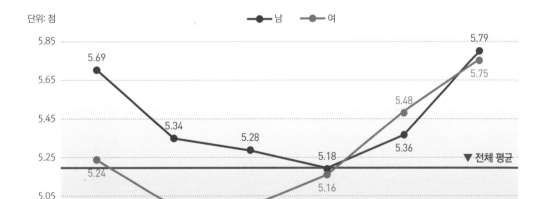

그래프 17 2021년 성별 × 연령별 안녕지수 평균

2021년 남녀의 연령별 안녕지수 차이는 2020년과 동일한 모습을 보였지만, 그 차이의 정도는 달라졌을 수 있다. 코로나 첫해와 비교해 코로나 2년 차에 접어든 대한민국 20~30대 여성의 행복 점수는 개선됐을까 그대로일까 혹은 악화됐을까?

이를 알아보기 위해 2021년 남녀의 연령별 행복 점수를 2020년 남녀의 연령별 행복 점수와 비교해보았다. 그래프18 에서 2개의 파란색 선은 남성의 연령별 안녕지수 점수를, 2개의 빨간색 선은 여성의 연령별 안녕지수 점수를 의미한다. 선의 유형은 연도를 나타내는데, 점선은 2020년 안녕지수를, 실선은 2021년 안녕지수를 의미한다.

그래프18 을 보면 남녀의 연령별 안녕지수 점수의 차이 패턴이 2020년과 2021년 모두 유사하다는 것을 알 수 있다. 두 해 모두 성별에서 나타나는 안녕지수의 차이는 10대에서 40대 사이에 국한되며, 여성 중에서도 20~30대의 안녕지수가 가장 낮았다.

30대와 40대 여성의 행복이 코로나 첫해에 비해 다소 큰 폭으로 증가했다는 점이 눈에 띈다. 정확한 이유는 알 수 없지만, 코로나 첫해와 달리 2021년에는 위드 코로나와 같이 사회적 거리두기를 대폭 완화했던 기간이 꽤 오래였다는 점을 생각해볼 수 있다. 이러한 기간은 코로나 팬데믹으로 인해 짊어져야 했던 여러 부담(보육 부담 증가 등)으로부터 30~40대 여성에게 큰 행복을 가져다주는 빅 이벤트로 작용했을 수 있음을 짐작하게 한다.

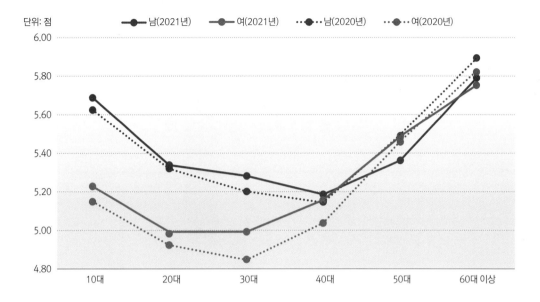

단위: 점

- ━●━ 남(2021년) ━●━ 여(2021년) ······●······ 남(2020년) ······●······ 여(2020년)

코로나 첫해에 비해 남성과 여성의 행복 수준 차이가 더 벌어지지 않았다는 점에 일단 안도할 수 있을 것 같다. 그럼에도 여전히 20~30대 여성의 안녕지수가 가장 낮다는 점에 주목해야 한다. 비록 2020년에 비해 젊은 층 남녀 행복 수준의 차이가 줄어들기는 했지만, 엄밀히 말하면 코로나 첫해에 크게 벌어졌던 차이가 코로나 이전에 존재하던 차이로 회귀했다고 말하는 게 더 정확할 것이다.

코로나 첫해에 이례적으로 낮아졌던 40대 여성의 안녕지수는 코로나 2년 차에 이전 수준으로(40대 남성과 맞먹는 수준으로) 회복했다. 그러나 20~30대 여성의 행복은 제자리걸음이다. 2021년에도 대한민국 20~30대 여성은 여전히 고달프고 힘들다.

코로나 첫해와 비교해 코로나 2년 차에 접어든 대한민국 20~30대 여성의 행복 점수는 개선됐을까 그대로일까 혹은 악화됐을까?

Happiness in 2021

Keyword 5

마음은 여전히 맑음,
대한민국 기분 날씨

2021년 대한민국의 감정 상태는 어떤 모습이었을까? 유쾌했던 날이 많았을까? 불쾌했던 날이 많았을까?

흔히들 사람의 마음을 날씨에 비유해서 이야기한다. 기분이 좋을 때는 "화창하다"라고 표현하기도 하고 슬플 때는 "우중충하다", 혼란스러울 때는 "폭풍우가 친다"라고 말하기도 한다. 2021년 대한민국은 감정적으로 얼마나 행복했을까? 감정적인 측면에서도 놀라운 회복력을 보였을지 알아보자.

감정은 행복한 삶에 대해 논할 때 빼놓을 수 없는 요소다. 일상에서 신남, 감사, 즐거움 같은 긍정적인 감정 상태를, 지루함, 짜증, 우울함 같은 부정적인 감정 상태보다 더 많이 느낄수록 행복한 삶을 살고 있다고 볼 수 있다.

감정은 정서와 기분을 모두 아우르는 개념이다. '즐거운', '속상한'처럼 명확히 이름을 붙일 수 있고 왜 즐겁고 속상한지 그 원인을 비교적 명확히 설명할 수 있는 감정 상태를 정서라고 부른다. 그에 반해 '그냥 기분이 좋은' 혹은 '기분이 나쁜'처럼 어떤 감정인지 명확히 이름을 붙이거나 대부분 의식적으로 알아차리기 어려운 감정 상태를 기분이라고 부른다.

행복을 감정 측면에서 정의하면, 긍정적인 정서를 자주 경험하고 부정적인 정서는 덜 경험하며 기분 좋은 느낌을 오래 그리고 자주 경험하는 것을 의미한다.

유쾌한 날과 불쾌한 날은 언제였을까?

감정밸런스 점수 분포

감정 측면에서 행복을 평가하기 위해 가장 보편적으로 사용하는 방법은 긍정정서와 부정정서의 차이값을 통한 행복의 측정이다. 구체적인 방식은 다음과 같다. 맨 먼저 여러 가지 긍정정서와 부정정서를 측정한다. 그런 다음 긍정정서들의 총합을 구해 전반적인 긍정정서 점수를 구하고, 부정정서들의 총합을 구해 전반적인 부정정서 점수를 구한다.

마지막으로 긍정정서 총합에서 부정정서 총합을 빼서 '감정밸런스'라는 지표를 산출한다. 감정밸런스가 플러스 점수라면 부정정서보다 긍정정서를 더 많이, 감정밸런스가 마이너스 점수라면 긍정정서보다 부정정서를 더 많이 경험하고 있음을 의미한다.

안녕지수에서는 행복, 즐거움, 평안함 3가지로 긍정정서를, 지루함, 짜증, 우울, 불안 4가지로 부정정서를 측정한다. 감정밸런스를 통해 2021년 한 해 동안 대한민국이 감정적으로 얼마나 행복했는지 살펴보았다.

2021년 대한민국 감정밸런스의 전체 평균값은 0.61이었다. 2021년 한 해 동안 한국인들은 전반적으로 긍정정서를 부정정서보다 많이 경험했다는 것을 의미한다. 이 점수는 2020년 점수인 0.41보다 더 좋아졌고, 코로나 이전인 2019년 0.49보다 높으며 2018년 감정밸런스 점수인 0.62에 거의 근접한 수치다.

코로나 팬데믹이 여전히 진행 중이지만, 힘겨운 1년 차를 보내고 2년 차에 접어든 2021년에 대한민국은 행복의 감정 측면에서도 놀라운 회복력을 보였다고 할 수 있다.

그래프 19 에서 2021년 대한민국의 감정밸런스 점수를 조금 더 자세히 들여다보자. 유쾌한 감정을 상대적으로 더 많이 경험한 사람들과 유쾌한 감정보다는 불쾌한 감정 상태를 보다 더 자주 느낀 사람들이 골고루 존재하는 것을 볼 수 있다.

감정밸런스 점수가 보통보다 높은 사람들(감정밸런스 +1점 이상), 즉 전반적으로 좋은 기분을 더 많이 느낀 사람들은 전체에서 45.17%였다. 반대로 감정밸런스 점수가 보통보다 낮은 사람들(감정밸런스 -1점 이하), 즉 전반적으로 나쁜 기분을 더 많이 느낀 사람들은 32.26%였다.

2021년 한 해 동안 유쾌하고 좋은 감정을 유지했던 한국인 수가 불쾌하고 나쁜 기분을 유지했던 한국인 수보다 대략 1.40배 많았다. 차이는 있었지만, 코로나 2년 차에도 대부분은 긍정적인 정서와 기분을 잘 유지한 것으로 보인다.

코로나 2년 차에 접어든 2021년 대한민국은 1년 365일 전반적으로 긍정적인 기분을 유지했다고 볼 수 있다. 이는 사람들이 기본적으로 긍정적인 감정 상태를 유지한다는 심리학 연구 결과와 일치한다.

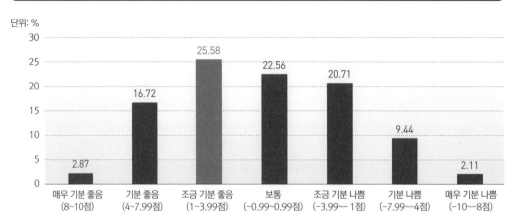

그래프 19 2021년 대한민국 감정밸런스 점수 분포

단위: %

매우 기분 좋음 (8~10점)	기분 좋음 (4~7.99점)	조금 기분 좋음 (1~3.99점)	보통 (-0.99~0.99점)	조금 기분 나쁨 (-3.99~-1점)	기분 나쁨 (-7.99~-4점)	매우 기분 나쁨 (-10~-8점)
2.87	16.72	25.58	22.56	20.71	9.44	2.11

그림1 연도별 유쾌한 날과 불쾌한 날수

2019년

불쾌한 날 6일
유쾌한 날 359일

2020년

불쾌한 날 50일
유쾌한 날 316일

2021년

불쾌한 날 1일
유쾌한 날 364일

감정밸런스를 기준으로 2021년 365일 중 유쾌한 날과 불쾌한 날은 각각 며칠이었을까? 놀랍게도 감정밸런스 점수가 마이너스였던 날은 단 하루에 불과했다.

6월 2일 수요일 하루를 제외하고는 2021년 한 해 동안 감정밸런스 점수가 모두 플러스, 즉 유쾌한 날이었다. 유일하게 불쾌한 날이었던 6월 2일의 감정밸런스 점수는 -0.004로, 사실상 0에 가까웠다. 즉 감정적으로 심하게 기분이 나빴다고도, 그렇다고 심하게 기분이 좋았다고도 하기 어려운 보통의 하루에 가깝다.

이러한 결과 역시 다시 한번 대한민국 행복이 놀라운 회복력을 보이고 있다는 사실을 확인시켜준다. 감정밸런스값을 기준으로 코로나 첫해에는 365일 중 무려 50일이 불쾌한 날이었다. 2019년 코로나 이전에는 불쾌한 날이 단 6일에 불과했던 결과를 상기해보면, 감정적으로 매우 힘겨운 팬데믹 첫해를 보내고 2년 차에 접어든 대한민국은 (팬데믹은 여전히 진행 중이지만) 감정적으로도 놀라운 회복력을 보이고 있다.

결과적으로 코로나 2년 차에 접어든 2021년 대한민국은 1년 365일 전반적으로 긍정적인 기분을 유지했다고 볼 수 있다. 이는 사람들이 기본적으로 긍정적인 감정 상태를 유지한다는 심리학 연구 결과와 일치한다.

Happiness in 2021

Keyword 6

2021년
행복 달력

2021년을 통틀어 가장 행복했던 날과 가장 행복하지 않았던 날은 언제였을까? 팬데믹 2년 차에 접어든 대한민국은 주말이 가져다주는 소소한 행복을 되찾았을까?

달력을 볼 때 가장 먼저 하는 일은 올해 빨간색으로 표시된 공휴일이 언제인지, 며칠이나 되는지를 세어보는 일이다. 이날은 지친 업무와 학업으로부터 해방돼 나에게 쉼을 선물해주는 행복한 날이기 때문이다.

빨간색으로 표시된 공휴일에 동그라미를 그려 넣어 특별한 날임을 표시하기도 하고 어디론가 휴가를 떠날 계획을 세우기도 한다. 아직 휴가를 떠난 것도 아닌데 벌써부터 행복한 기분이 든다.

여전히 진행 중인 코로나 팬데믹과 그로 인한 사회적 거리두기 방침으로 인해 평일과 주말을 구분하기 힘든 나날들이 이어지고 있다. 2021년 대한민국은 주말이 가져다주는 소소한 행복의 효과가 사라졌을까? 아니면 주말 여가 시간이 주는 행복의 효과는 여전히 유효했을까?

이를 알아보기 위해 2021년 안녕지수를 요일별로 비교해 어떤 요일에 가장 행복했을지, 주중과 주말 중 언제 더 행복했을지 알아보았다.

평일보다 행복한 주말

2021년 요일별 안녕지수 평균값을 비교한 결과, **그래프 20** 과 같이 평일을 지나 주말을 향해갈수록 안녕지수가 오르며, 주말을 지나 다시 한 주가 시작되는 월요일에 안녕지수가 낮아지는 지극히 일상적인 패턴을 보였다. 구체적으로 평일 전반부를 차지하는 월요일·화요일·수요일의 안녕지수 점수가 가장 낮았고, 주말인 토요일과 일요일의 점수가 가장 높았다.

2021년 대한민국은 주말이 가져오는 행복의 효과가 여전히 유효했다. 즉 평일보다 주말이 더 행복했고 주중에는 금요일이 가장 행복했다. '월요병', '불금'과 같이 특정 요일에 사람의 심리 상태를 녹여낸 용어들처럼 2021년 한국인들은 월요일에 행복감이 낮고 목요일을 기점으로 금요일을 거쳐 주말을 향해가면서 행복이 높아졌다.

일요일이 지나고 월요일에 안녕지수가 크게 하락하는 패턴은 월요병이 실제로 일상생활에 존재함을 지지하는 증거라고 할 수 있다. 일주일 가운데 가장 행복한 요일은 토요일이었다. 특히 토요일은 안녕지수의 여러 하위 지표 중에서도 정서적 측면의 행복에서 점수가

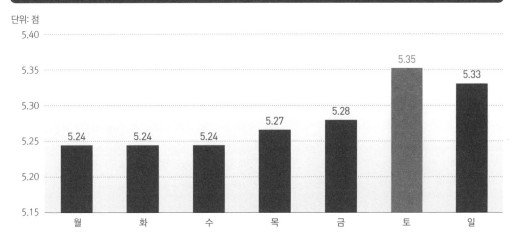

단위: 점

월	화	수	목	금	토	일
5.24	5.24	5.24	5.27	5.28	5.35	5.33

특히 금요일의
행복지수가 크게
높아져 2020년에는
찾아볼 수 없던 불금
효과가 생겨난 것을
볼 수 있다.

가장 높았다. 토요일은 긍정정서 경험이 많았고 모든 부정정서 경험이 적었다.

2021년 요일별 행복 점수를 코로나 첫해인 2020년 요일별 점수와 비교해보면 주말 효과가 회복됐다는 점이 더 선명히 드러난다. 그래프 21 에서 2021년 모든 요일의 행복이 코로나 첫해에 비해 월등히 높아진 것을 볼 수 있다. 특히 금요일의 행복지수가 크게 높아져 2020년에는 찾아볼 수 없던 불금 효과가 생겨난 것을 볼 수 있다.

2020년에는 금요일의 안녕지수가 월요일 다음으로 낮아서 흔히 '불금'으로 이야기되는 금요일 행복에 대한 효과를 볼 수 없었다. 반면 2021년 금요일은 평일 중 가장 안녕지수가 높았다. 즉, 주말이 다가오면서 행복해지는 효과가 다시 생겨난 결과라고 할 수 있다.

2020년에도 주말이 평일에 비해 더 행복하기는 했었다. 그러나 그 값은 평일 가운데 가장 행복한 목요일의 안녕지수 점수와 크게 다르지 않아 주말이 주는 행복의 크기가 매우 작았다. 반면 2021년의 토요일과 일요일 행복지수는 다른 평일보다 월등히 높은 것을 볼 수 있다. 주말이 가져다주는 효과가 살아난 것이다.

2021년 대한민국은 다시 평범한 일상으로 회복하는 과정 중에 있는 것으로 보인다. 월요일부터 쉼 없이 일상의 업무와 학업에 매달

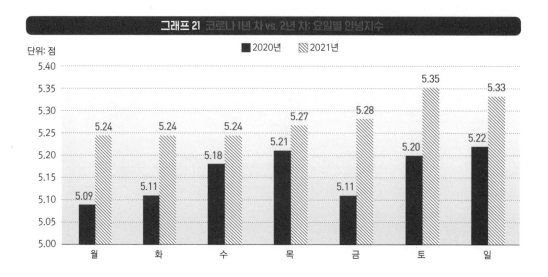

그래프 21 **코로나 1년 차 vs. 2년 차: 요일별 안녕지수**

단위: 점 ■ 2020년 ▨ 2021년

요일	2020년	2021년
월	5.09	5.24
화	5.11	5.24
수	5.18	5.24
목	5.21	5.27
금	5.11	5.28
토	5.20	5.35
일	5.22	5.33

리고, 금요일이면 주중의 열심과 긴장을 늦추고 피로를 풀며, 주말 동안 심리적 행복을 되찾는다. 즐겁고 평온한 주말을 보낸 후 다시 한 주가 시작되면 월요병을 겪으며 일상을 보내다가 주말을 이틀 앞둔 목요일부터 다시 행복해지기 시작하는, 평범한 보통의 사이클을 회복하고 있다.

2021년 가장 행복했던 하루
가장 행복했던 날은 언제였을까? 2021년 한 해 동안 안녕지수가 가장 높았던 날은 9월 24일 금요일이었다(그래프 22). 이날은 긴 추석 연휴가 있었던 주(週)의 금요일이었다. 주말과 추석 연휴로 총 5일을 쉰 뒤 찾아온 금요일로, 목요일과 금요일 이틀 휴가를 내면 길게는 9일간이나 쉬는 것이 가능한 주간이었다.

9월 25일 토요일 역시 행복한 날 베스트 5에 포함된 사실로 미뤄볼 때 사람들이 추석 연휴 주간에 추가로 휴가를 내어 연휴를 즐겼던 것으로 추측해볼 수 있다.

두 번째로 행복했던 날은 5월 5일 어린이날이었고 6월 6일 현충일이 뒤를 이었다. 공휴일과 연휴가 가져다주는 행복은 코로나 2년 차에도 여전히 유효했다. 추가로 2021년 가장 행복하지 않았던 5일이 언제인지 알아보았다. 가장 행복하지 않았던 5일 가운데 8월 30일 월요일을 제외하고 나머지 4일은 모두 수요일이 차지했다(그래프 23).

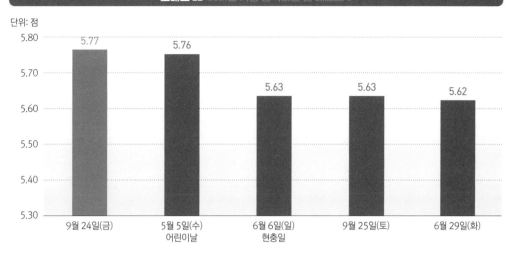

단위: 점

	9월 24일(금)	5월 5일(수) 어린이날	6월 6일(일) 현충일	9월 25일(토)	6월 29일(화)
점수	5.77	5.76	5.63	5.63	5.62

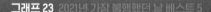

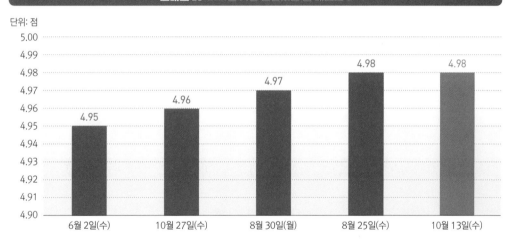

단위: 점

	6월 2일(수)	10월 27일(수)	8월 30일(월)	8월 25일(수)	10월 13일(수)
점수	4.95	4.96	4.97	4.98	4.98

돌아온 어린이날

5월 5일 어린이날은 안녕지수를 측정해온 이래로 가장 행복했던 날
베스트 5에 늘 속했었다. 한 번 예외가 있었는데, 코로나 첫해 어린
이날은 1년 365일 가운데 안녕지수 점수가 258위를 차지했었다.
2020년의 어린이날은 사실상 불행한 날에 속했었다.

그러나 2021년에 어린이날이 행복한 날 베스트 5에 다시 안착했다
는 점은 대한민국의 행복이 회복의 길을 걷고 있다는 사실을 확인
시켜준다고 할 수 있다.

어린이날에는 어린이만 행복했을까? 연령에 따라 어린이날의 행복 점수에서 차이가 있을지를 알아보기 위해 2020년과 2021년 어린이날의 행복 점수를 연령대별로 살펴보았다. 어린이날에 가장 행복한 연령은 젊은이들이 아니었다는 흥미로운 결과를 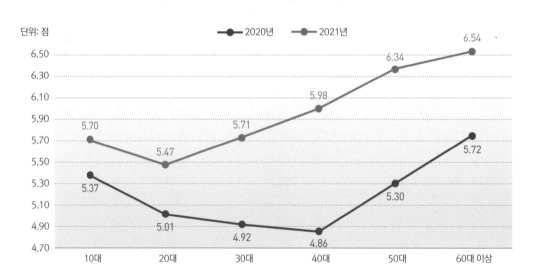 처럼 얻을 수 있었다.

2021년만 놓고 보면 의외로 40대 이상이 어린이날에 최상의 행복을 누리고 있었다. 즉 어린이날은 어린이만 행복한 날이 아니다. 어른도 행복한 어른이날인 것이다.

흔히 생각하기에 어른에게 어린이날은 지갑을 열어야 하는 날이다. 어린이날은 주인공 어린이가 어른으로부터 선물을 받는 날이지만 어른에게는 아이들을 행복하게 해주기 위해 의무감을 갖고 행동하는 날로 여겨지기 때문에 어른의 행복이 그리 높지 않을 것으로 예상하기 쉽다. 그러나 이러한 예상과 달리 어린이날에 가장 행복한 사람은 어른이었다. 이유는 무엇일까?

어린이날은 어린이만
행복한 날이 아니다.
어른도 행복한
어른이날이다.

그래프 24 2020년 vs. 2021년 어린이날: 연령별 안녕지수

단위: 점   ● 2020년   ● 2021년

	10대	20대	30대	40대	50대	60대 이상
2021년	5.70	5.47	5.71	5.98	6.34	6.54
2020년	5.37	5.01	4.92	4.86	5.30	5.72

법정 공휴일을 통해 얻은 여가 시간 자체가 일을 하는 어른에게 행복을 주었을 수 있다. 최근 새롭게 생겨난 트렌드와 연결지어 생각해보면 코로나 장기화로 인해 지친 마음을 어린이처럼 위로받고자 자기 자신을 위해 지갑을 여는 어른이 증가했다는 점이다(김소현, 2021).

실제로 어린이날에는 어린이뿐 아니라 자신을 위해 지갑을 여는 어른이를 겨냥한 마케팅이 최근 활발해지기도 했다(권혜림, 2021). 5월 5일 어린이날이 가져다주는 행복은 꼭 아이들에게만 국한되는 것이 아니다. 어린이날은 어린이와 어른 모두가 행복의 주인공이 되는 날이다.

Happiness in 2021

Keyword 7

지역별 마음날씨

코로나 2년 차, 지역별 행복은 차이가 있을까? 코로나 1년 차와 비교했을 때 지역별 안녕지수는 어떻게 달라졌을지 살펴보았다.

쾌청한 세종, 흐린 인천, 흐리다 맑은 강원

2021년 지역별 안녕지수를 살펴본 결과, 해외를 제외한 국내 17개 지역 가운데 세종(5.58)이 가장 높았다. 세종은 안녕지수에 포함된 개별 긍정적 심리 경험이 모두 전국에서 가장 높은 반면, 개별 부정적 심리 경험은 가장 낮았다.

세종은 2018년부터 2021년까지 꾸준히 전국에서 안녕지수가 가장 높은 지역이었다(2018년 5.58, 2019년 5.43, 2020년 5.42). 특히 세종의 삶의 만족도(6.26)는 안녕지수 개별 항목 가운데 가장 높았다. 이는 대한민국 평균인 5.85점과 비교했을 때 0.41점 더 높은 것으로, 2021년 주말(5.89)과 주중(5.84)의 삶의 만족도 차이가 0.05점임을 고려했을 때 상당히 큰 차이임을 의미한다.

세종 다음으로 제주(5.39)의 안녕지수가 높았다. 제주 응답자의 개별 긍정적 심리 경험은 세종에 이어 전국에서 두 번째로 높은 반면 개별 부정적 심리 경험은 세종을 제외하고 전국에서 가장 낮았다.

그림 2 2021년 지역별 안녕지수 평균

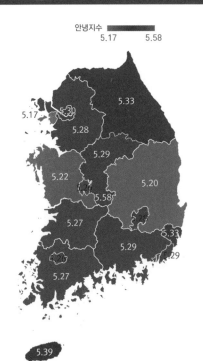

안녕지수
5.17   5.58

5.17

5.3?

5.33

5.28

5.29

5.22

5.20

5.58

5.27

5.2?

5.33

5.29

5.2?

5.29

5.27

5.39

코로나 2년 차인 2021년 지역별 안녕지수를 살펴본 결과, 해외를 제외한 국내 17개 지역 가운데 세종(5.58)이 안녕지수가 가장 높았다.

안녕지수가 가장 낮은 지역은 인천(5.17), 그다음은 경북(5.20)이었다. 인천은 개별 긍정적 심리 경험이 전국에서 모두 최하위를 기록했고, 우울을 제외한 개별 부정적 심리 경험은 전국에서 가장 높았다. 우울이 가장 높은 지역은 경북이었다. 서울 응답자는 불안이 특히 높았는데, 인천 다음으로 전국에서 가장 높은 지역이라는 사실이 흥미로웠다.

50대 이상 남녀 모두가 행복한 세종
응답자의 성별과 연령대에 따라 안녕지수를 살펴본 결과, 그래프 25 에서와 같이 세종은 응답자들의 성별과 연령대와 무관하게 안녕지수가 가장 높았다. 특히 세종은 50대 이상 응답자들의 안녕지수가 두드러지게 높았는데, 남성과 여성 모두 가장 높았다.

지역과 관계없이 30대와 40대 응답자의 안녕지수는 다른 연령대에 비해 대체로 낮았다. 그렇다면 30~40대 남성과 여성이 행복한 지역은 어디일까?

먼저 30~40대 남성 응답자의 지역별 안녕지수를 살펴보자. 세종(5.63)이 가장 높고, 그다음으로 전북(5.41), 강원(5.38) 순이었다. 한편 30~40대 여성 응답자에서 세종(5.44)이 가장 높고, 강원(5.22), 제주(5.20)가 뒤를 이었다. 세종은 50대 이상뿐 아니라 30~40대 남녀 모두가 가장 행복한 지역이었다. 강원은 세종과 함께 30~40대 남성과 여성 모두 행복한 지역이었다.

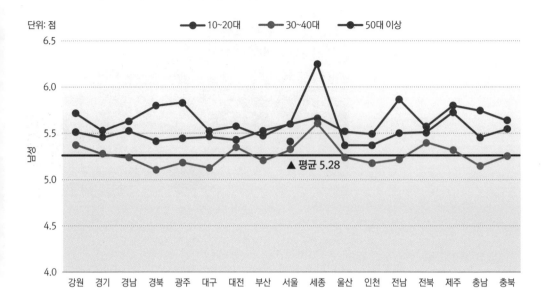

그래프 25 2021년 성별과 연령대에 따른 지역별 안녕지수 평균

단위: 점

남성

●—10~20대　●—30~40대　●—50대 이상

▲ 평균 5.28

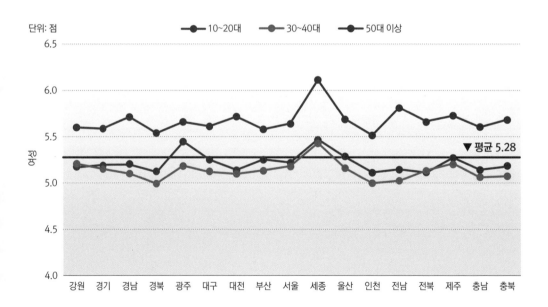

단위: 점

여성

●—10~20대　●—30~40대　●—50대 이상

▼ 평균 5.28

코로나 1년 차 vs. 2년 차에 따른 지역별 안녕지수

2020년과 비교했을 때 지역별 안녕지수는 어떻게 변했을까? 2021년 안녕지수가 가장 높았던 세종(1위)과 제주(2위)의 순위는 2020년과 변동이 없었다. 마찬가지로 안녕지수가 가장 낮은 인천(17위)과 경북(16위)도 2020년과 비교했을 때 순위 변동이 없었다.

흥미롭게도 안녕지수가 가장 높거나 낮은 지역이 순위 변동이 없는 것과 달리, 평균에 가깝게 위치한 지역들은 큰 변동이 있었다. 2020년과 비교했을 때 행복 순위가 가장 큰 폭으로 상승한 지역은 강원도였다. 2020년 12위에서 2021년 4위로 8계단 상승한 것이다. 그 다음으로 대구가 13위에서 9위로 4계단 상승했다.

반면 가장 큰 폭으로 행복 순위가 하락한 지역은 전남으로 2020년 전국 4위에서 2021년 11위로 7계단 하락했다. 이어서 광주 역시 9위에서 13위로 4계단 하락했다.

특히 강원도의 안녕지수는 2020년과 비교했을 때 0.18점 상승했

그림 3 2021년 지역별 안녕지수 순위와 전년 대비 순위 변동

2021년 안녕지수 순위
1 9 17

2020년 대비 2021년 안녕지수 순위 변화
-7   8

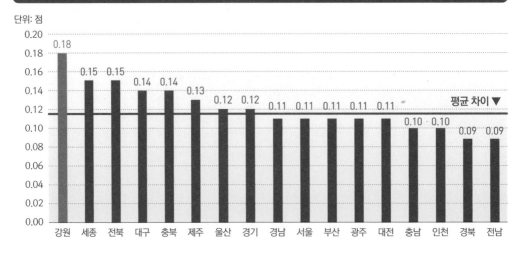

단위: 점

다. 전국 안녕지수가 약 0.12점 상승한 것과 비교했을 때 약 1.5배 더 높은 수치다. 2021년 강원도의 행복 순위는 4위였지만, 변화 폭으로 순위를 매긴다면 전국에서 행복이 가장 많이 높아진 지역이었다.

자연경관이 주는 행복

강원도의 안녕지수가 상승한 이유는 무엇일까? 여러 가능성 가운데 한 가지는 자연에서 찾을 수 있다. 자연경관의 아름다움은 행복에 긍정적인 영향을 미칠 수 있다. 2019년 《사이언티픽 리포트(Scientific Reports)》에서 다룬 한 연구에 따르면, 아름다운 경관은 사람들의 행복을 향상시킨다(Sereshinhe 등, 2019).

경치가 좋은 곳에서 사람들이 경험하는 주된 감정은 '행복'이다. 도윤호(2019)는 2014년부터 2016년까지 지리산국립공원, 전라남도 순천만, 경상남도 우포늪을 방문한 후 인스타그램에 업로드한 사진 1,604장을 분석해 사람들이 어떤 감정을 주로 느끼는지 분석했다. 분석 결과에 따르면, 사람들은 방문한 지역과 무관하게 행복함을 가장 많이 경험하는 반면 슬픔·경멸·분노 등 부정적인 감정을 보고한 경우는 4%가 채 되지 않았다.

자연을 가까이하면 행복뿐 아니라 건강에 도움이 된다는 연구 결과도 있다(White 등, 2019). 그래프 27 에서와 같이 연구자들은 약 2만 명을 대상으로 지난 한 주 자연에서 시간을 보낸 정도와 행복 및 건강 간 관련성을 조사했다. 그 결과, 일주일간 2시간가량 자연에서 시간을 보낸 사람들은 자연을 전혀 접하지 않은 사람들에 비해 더 행복할 뿐 아니라 스스로 더 건강하다고 생각했다.

그래프 27 자연에서 보낸 시간과 행복 및 주관적 건강의 관계

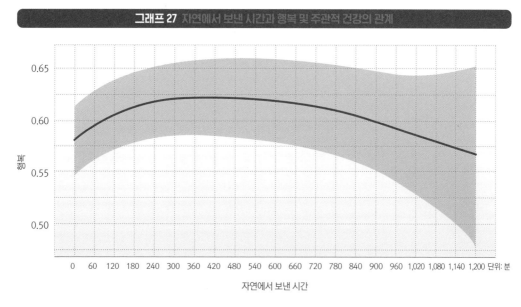

자연에서 보낸 시간

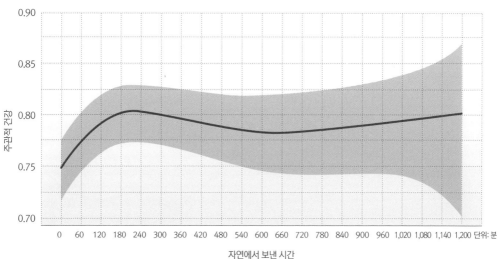

자연에서 보낸 시간

출처: White 등(2010), https://doi.org/10.1038/s41598-019-44097-3

강원도의 월별 안녕지수는 3월부터 상승하기 시작해 4월부터 6월까지 높게 유지됐다. 이후 안녕지수가 다소 감소했으며, 11월부터 12월까지 급증하는 것을 확인할 수 있다.

2021년은 고강도 사회적 거리두기와 이에 대한 완화가 반복적으로 이뤄졌다. 2021년 3월부터 6월까지 사회적 거리두기를 다소 완화했고, 이후에 고강도 사회적 거리두기를 적용했으며 11월과 12월 중순까지 위드 코로나를 시행했다. 강원 지역의 행복이 증가한 시기는 사회적 거리두기를 완화하거나 위드 코로나를 시행하는 기간과 일치한다.

강원 지역은 다른 지역에 비해 자연을 쉽게 접할 수 있다. 전국 산림 면적 비율을 살펴보면, 강원도는 전국의 산림 면적 가운데 21.55%로 가장 많은 산림을 보유하고 있다(산림청, 2020).

사회적 거리두기를 완화하면서 강원 지역 응답자들은 다른 지역 응답자에 비해 자연을 더 쉽게, 더 자주 접했을 가능성이 있다. 이는 강원의 행복이 증가한 이유에 대한 한 가지 가능성으로, 실제로는 여러 이유가 복합적으로 작용했을 가능성이 존재한다.

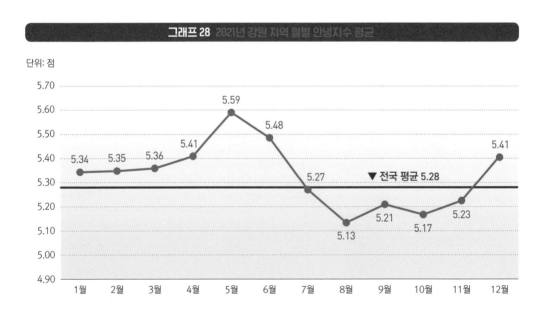

그래프 28 2021년 강원 지역 월별 안녕지수 평균

단위: 점

그러나 자연환경이 우리의 행복에 영향을 미칠 수 있다는 사실은 분명하다. 2020년 유엔에서 발간한 「세계행복보고서」에 따르면, 푸른 공간에 있을 때 우리의 행복이 1% 상승하고, 햇볕을 쬘 때 1.7%, 산책할 때 2% 향상된다. 심지어 자연을 바라보는 것만으로도 3.9% 증가한다(Krekel & MacKerron, 2020).

경치가 좋은 곳에서 사람들이 경험하는
주된 감정은 '행복'이다.

Happiness in 2021

Keyword 8

또 하나의 불평등
'행복 불평등'

2021년 대한민국의 행복은 회복 수준에 접어들었지만, 이는 모두에게 동등하게 허락된 회복이었을까? 삶의 만족도, 삶의 의미, 그리고 스트레스 수준을 통해 대한민국 행복의 불평등을 분석해보기로 한다.

코로나는 부자와 빈자의 양극화를 심화시켰다. 2021년 선진국은 1인당 소득이 5% 증가한 반면 저소득 국가는 0.5% 증가하는 데 그쳤다. 뿐만 아니라 74개 최빈국이 갚아야 할 외채는 2020년에 비해 약 45%가 증가한 42조에 달했다. 반면 세계 500대 부자의 순자산은 2021년 한 해 1,194조 원이 증가했다(《매일경제》, 2022). 이러한 경제적 불평등의 심화는 코로나를 불평등의 팬데믹이라 부르는 이유다.

사람들은 코로나 시대에 불평등이 심화된 이유를 찾고, 불평등을 해소하기 위해 치열하게 고민하고 있다. 그러나 코로나 시대 행복의 양극화에 관한 관심은 매우 부족하다.

같은 하늘 아래 서로 다른 사람들이 존재하는 만큼이나 삶에서 누리는 행복에서도 저마다 차이가 존재한다. 2021년, 대한민국의 행복은 회복기에 접어들었으나 안타깝게도 모든 사람에게 허락된 회복은 아닌 것으로 보인다.

이번에는 행복의 여러 요소 중에서도 삶의 만족도, 삶의 의미, 스트레스를 중심으로 2021년 대한민국 행복이 어떻게 양극화됐는지 살펴보기로 한다.

삶의 만족도 양극화
'삶의 만족도'란 전반적으로 자신의 삶에 대해 스스로가 내리는 주관적 평가로써, OECD에서 행복을 측정할 때 가장 중요하게 고려하는 요소다. 사람들이 행복한지, 행복하다면 얼마나 행복한지를 가늠하기 위해 가장 우선적으로 자신의 삶에 대해 얼마나 만족하고 있는지 정도를 측정한다.

행복의 양극화

삶의 만족도 비교

사람들은 코로나 시대에 불평등이 심화된 이유를 찾고, 불평등을 해소하기 위해 치열하게 고민하고 있다. 그러나 코로나 시대 행복의 양극화에 관한 관심은 매우 부족하다.

2021년 대한민국 삶의 만족도 평균은 5.79였다. 0점부터 10점까지 분포를 살펴보면, 중간 점수인 5점대에 가장 많은 응답자(19.13%)가 몰려 있고, 그다음으로 7점대(17.66%), 6점대(14.49%) 순으로 응답 비율이 높았다(부록 참고). 전반적으로 봤을 때 2021년 대한민국은 보통보다는 한 단계 높은 수준의 만족도를 누린 것으로 보인다.

미약하지만 삶의 만족도 점수는 해마다 꾸준히 오르고 있다. 코로나 이전 2019년의 삶의 만족도 점수는 5.75, 2020년 점수는 5.76으로 코로나에도 크게 타격을 받지 않았었다. 대체로 대한민국의 삶의 만족도는 코로나와 상관없이 안정적인 수준을 유지하고 있다고도 볼 수 있다.

그러나 삶의 만족도 전체 평균값이 감소하지 않고 안정적으로 유지되고 있다는 것이 대한민국 '모든' 사람이 적당한 수준의 만족감을 누리고 있음을 의미하지는 않는다. 삶의 만족도 평균이 조금씩 오르고 있지만, 표준편차 역시 3년 동안 올랐기 때문이다.

삶의 만족도 점수의 표준편차는 2019년 2.26에서 2020년 2.28로, 2021년에는 2.33으로 계속 증가했다(그래프 29). 표준편차값이 커진다는 것은 삶에 만족하는 정도에서 사람들 간에 차이가 점점 벌어지고 있음을 의미한다.

한마디로 대한민국 사회에는 삶에 대한 만족감을 충분히 누리며 살아가는 사람들도 있지만 전혀 만족스럽지 않은 삶을 살고 있는 사람들 역시 적지 않게 존재하고 있다. 이를 좀 더 자세히 알아보기 위해 2021년 「세계행복보고서」(Heilliwell 등, 2021)에 나타난 다른 국가들과의 점수를 비교해 삶의 만족도 면에서 대한민국이 어떻게 나뉘는지 알아보기로 했다.

유엔에서 매년 발표하는 「세계행복보고서」는 전 세계 각 나라 사람들의 행복 수준을 파악하고 국가별 행복 순위를 매기기 위한 가장 방대하고 신뢰할 수 있는 자료로 평가된다.

「세계행복보고서」에서도 삶의 만족도를 통해 국가별 행복 수준을 가늠해오고 있다. 여기서는 응답자들에게 자신의 삶 전반을 0점("더 이상 나쁠 수 없음")부터 10점("더 이상 좋을 수 없음") 사이의 점수로 평가하게 해 행복 지표를 산출한다. 유엔에서 사용하는 이 질문은 안녕지수 하위 지표 가운데 삶의 만족도 질문인 "당신은 지금 당신의 삶에 얼마나 만족합니까?"와 거의 동일하다.

따라서 2021년 안녕지수를 통해 측정한 대한민국 삶의 만족도를 「세계행복보고서」(2021)에 나타난 만족도 점수와 비교해보고, 나아가 다른 국가 행복 점수와의 비교를 통해 삶의 만족도 면에서 바라본 대한민국의 현주소를 파악해보기로 했다.

2021년 한 해 동안 삶의 만족도가 가장 높은 최고의 행복 수준을 누리는 국가는 어디였을까? 2021년 「세계행복보고서」에 따르면 1위는 핀란드(7.84점)였고 덴마크(7.62점), 스위스(7.57점)가 각각 2위와 3위를 기록하는 등 주로 북유럽 국가들이 최상위권을 차지했다. 그 밖에 아이슬란드 · 뉴질랜드 · 오스트리아 등 주로 유럽 · 오세아니아 대륙에 속한 국가가 높은 점수를 받아 상위권을 차지하고 있었다. 캐나다와 미국 등 북미권에 속한 국가들도 상위에 있었다.

행복 점수의 하위권은 주로 내전 중이거나 정세가 불안정한 아프리카 · 중동 국가들이 차지했다. 아프가니스탄이 2.52점으로 149개국 가운데 행복 점수가 가장 낮았으며 짐바브웨(3.15점), 르완다(3.42점) 순으로 행복 점수가 낮았다. 이 밖에도 인도 · 스리랑카 · 미얀마 등 동남아시아와 서남아시아 국가들도 하위권에 있었다.

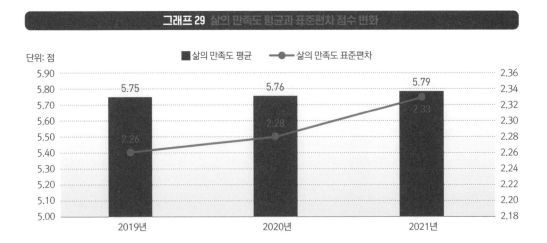

그래프 29 삶의 만족도 평균과 표준편차 점수 변화

2021년
「세계행복보고서」에
발표된 한국인의 행복
점수는 5.85점으로,
전체 149개국 가운데
62위였다. 다른
국가와 비교해서
대한민국의 행복
수준은 그리 높지
않아 보인다.

2021년 「세계행복보고서」에 발표된 한국인의 행복 점수는 5.85점으로, 전체 149개국 가운데 62위였다. 다른 국가와 비교해서 대한민국의 행복 수준은 그리 높지 않아 보인다.

안녕지수를 통해 측정한 2021년 대한민국 삶의 만족도 점수를 「세계행복보고서」와 비교한 결과, 세계에서 가장 행복한 오세아니아 국가 사람들의 삶의 만족도 수준 이상을 경험한 응답자의 비율은 전체 응답자의 25.23%였다 (그래프 30). 이는 전체 응답자 가운데 36만 165명에 해당하는 숫자로, 상당수 한국인이 북유럽, 오세아니아 국가 수준의 높은 행복을 누리며 살아가고 있었다.

반대로 유엔 행복 순위에서 행복 순위가 가장 낮은 아프리카 국가 사람들의 삶의 만족도 수준을 경험한 응답자 비율은 25.67%였다 (그래프 30). 약 36만 6,500명에 해당하는 많은 사람이 세계에서 만족도가 가장 최저 수준에 머무는 사람들과 동일한 마음을 갖고 살고 있다.

대한민국의 행복 수준은 60위권에 머물지만, 삶의 만족도 면에서 한국인들은 큰 차이가 있다. 한마디로 몸은 똑같이 대한민국에 살고 있어도 마음의 행복 수준은 천차만별인 것이다. 일부는 북유럽 사람들과 같았고, 또 다른 일부는 아프리카 사람들과 같았다.

삶의 의미 양극화

행복이 지니는 다양한 의미는 만족스러운 삶, 유쾌한 정서를 경험하는 것에 그치지 않는다. 단순한 쾌(快)를 넘어, 자신의 삶 속에 담겨 있는 의미와 목적을 발견하고 자기실현을 경험하는 것 역시 행복을 구성하는 중요한 요소다.

지금 이 순간 행복한 감정을 느끼는 것은 외부 환경에 의해 자주 바뀔 수 있다. 반면, 인생의 의미를 경험하는 것은 삶 속에 내재돼 있는 가치를 느끼게 해주는 행복의 기반이라고도 할 수 있다. 삶의 의미는 행복한 삶의 '깊이'를 가늠케 하는 척도다.

이처럼 삶의 의미는 행복한 삶에서 빠질 수 없는 핵심 요소이기에 OECD에서는 행복을 측정할 때 의미적 행복을 별도로 구분해 행복을 측정할 것을 권고하고 있다. 안녕지수 조사에서도 삶의 의미를 구분해 측정해오고 있다. "당신은 지금 얼마나 의미 있는 삶을 살고 있다고 느끼십니까?"라는 문항이 안녕지수에서 삶의 의미를 측정하는 항목이다.

2021년 한국인의 삶의 의미 평균 점수는 5.42였다. 안녕지수, 삶의 만족도와 비슷하게 아주 낮지도 아주 높지도 않은 딱 보통 수준의 삶의 의미다. 마찬가지로 단순 평균값을 넘어 한국인의 삶의 의미 경험이 어떻게 분포돼 있는지 조금 더 살펴보기로 하자.

단순한 쾌를 넘어, 자신의 삶 속에 담겨 있는 의미와 목적을 발견하고 자기실현을 경험하는 것 역시 행복을 구성하는 중요한 요소다.

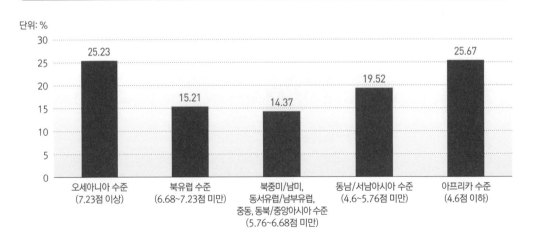

그래프 30 2021년 유엔 세계 행복 국가 순위와 비교한 대한민국 삶의 만족도 분포

단위: %

오세아니아 수준 (7.23점 이상)	북유럽 수준 (6.68~7.23점 미만)	북중미/남미, 동서유럽/남부유럽, 중동, 동북/중앙아시아 수준 (5.76~6.68점 미만)	동남/서남아시아 수준 (4.6~5.76점 미만)	아프리카 수준 (4.6점 이하)
25.23	15.21	14.37	19.52	25.67

2021년 한 해 동안, 일상에서 삶의 의미를 충분히 찾으며 살아가는 사람들(의미 부유층)과 이와는 반대로 삶의 의미를 거의 찾지 못한 채 하루하루를 살아가는 사람들(의미 빈곤층)은 얼마나 있었을까?

그래프 31을 보면 삶의 의미 점수가 8점 이상 되는 의미 부유층은 전체 응답자 가운데 21.61%에 달했다. 약 30만 8,373명에 가까운 사람은 인생에서 삶의 의미와 목적을 풍성히 느끼며 살아가고 있음을 의미한다. 이 비율은 코로나 전인 2019년 20.21%보다 높고, 코로나 첫해인 2020년 20.33%보다 높다. 즉, 의미 부유층은 작지만, 꾸준히 증가하고 있다.

반면 삶의 의미 점수가 3점대 이하인 의미 빈곤층은 24.11%에 이르러 적지 않은 비율을 차지했다. 약 34만 4,160명이 삶에서 아무런 의미를 발견하지 못한 채로 살아가고 있다. 이 점수는 2019년 23.69%보다는 높고 2020년 24.56%보다는 약간 줄어들었지만, 여전히 상당수의 의미 빈곤층이 존재한다는 것을 보여준다.

지난 3년간 대한민국 삶의 의미의 양극화는 계속 유지되고 있으며 경미하지만, 조금씩 더 벌어지고 있다.

한국인 가운데 절반에 가까운 사람들은 적당한 수준의 삶의 의미를 느끼는, 나름대로 행복한 삶을 살고 있다. 나머지 절반의 사람들은 삶의 의미의 양극단에 걸쳐 있는 상태라고 볼 수 있다. 충분한 삶의 의미를 느끼며 살아가는 사람들이 존재하는 만큼이나 삶의 의미를 상실한 사람들이 우리 사회에 공존하고 있다.

2021년 11월 미국의 여론조사 기관인 퓨리서치센터(Pew Research Center)에서 삶의 의미와 관련된 조사 결과를 발표했다. 한국을 포함한 17개 선진국 국민을 대상으로 "당신의 삶을 의미 있게 만들어주는 것은 무엇인가요?(What makes life meaningful?)"라는 주제로 진행된 조사 결과에 의하면, 유일하게 한국만 '물질적 풍요로움(Material well-being)'을 자신의 삶을 의미 있게 만드는 가장 중요한 요소라고 선택했다(Pew Research Center, 2021).

조사에 참여한 17개 선진국 가운데 14개국이 '가족'을 가장 의미 있는 요소로 선택한 것과 완전히 반대되는 결과다. 물질적 풍요가 한국에서는 1순위로 삶의 의미를 위한 중요한 요소인 반면 가족, 사회적 관계, 직업, 여행 같은 비물질적인 요소는 17개국 중 후순위를 차지했다. 씁쓸한 결과가 아닐 수 없다.

'물질적으로 얼마나 풍요로운가'라는 가치를 제외하고는 삶의 의미를 논하기 어렵다는 인식이 한국 사회에 퍼져 있는 것일까? 시간이 지나도 해결될 기미가 보이지 않는 한국 사회의 경제적 양극화가 안녕지수로 측정한 삶의 의미에서도 드러나고 있는 것처럼 보인다.

그래프 31 의미 부유층, 의미 빈곤층, 보통 사람들의 비율

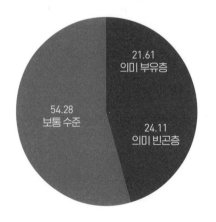

단위: %

21.61
의미 부유층

54.28
보통 수준

24.11
의미 빈곤층

'물질적으로 얼마나 풍요로운가'라는 가치를 제외하고는 삶의 의미를 논하기 어렵다는 인식이 한국 사회에 퍼져 있는 것일까?

인간은 근본적으로 삶의 의미를 찾는 존재다. 오늘 하루 행복한 감정을 거의 느끼지 못했더라도, 만족스러운 하루를 보내지 못했더라도 삶의 의미를 경험할 수 있다. 삶의 의미는 고단한 하루를 견디고 내일을 다시 시작할 힘을 주는 행복의 중요한 요소다.

이런 면에서 봤을 때, 무의미로 삶이 채워진 의미 빈곤층이 24%에 달한다는 사실은 (비슷한 만큼 의미 부유층이 존재한다는 사실과는 별개로) 우리 사회에 경종을 울리는 수치다.

스트레스 취약층 증가

2021년 대한민국의 스트레스는 얼마나 심했을까? 그래프32 를 보면 2021년 한국인의 평균 스트레스 점수는 10점 만점에 6.27점으로, 중간값인 5를 크게 웃도는 수준이다. 코로나 첫해의 스트레스 점수인 6.34보다는 약간 낮아졌지만, 안녕지수의 다른 하위 지표 가운데 유일하게 6점 이상을 기록해 여전히 높은 점수라고 할 수 있다.

2021년 스트레스 점수는 같은 해 부정정서 평균값인 4.89와 비교해도 월등히 높았다. 이는 안녕지수를 측정해온 이래로 매년 반복됐던 결과다. 스트레스 지수는 항상 다른 안녕지수 하위 지표 가운데 유일하게 전체 평균이 6점을 넘었다. 2021년 대한민국의 행복이 회복 과정에 있다는 사실과는 별개로, 스트레스 수준은 해가 바뀌어도 개선되지 않고 여전히 높은 수준임을 짐작할 수 있다.

대한민국의 스트레스 점수가 해가 바뀌어도 여전히 높다는 점은 '대다수' 한국인이 일정 수준의 스트레스를 경험하고 있음을 짐작하게 한다. 그중에서도 스트레스 수준이 상당한 수준을 초과한, 위험 경보 수준의 스트레스에 시달리고 있는 스트레스 취약층은 우리 사회에 얼마나 존재할까? 2년 전, 그리고 1년 전과 비교해서 스트레스 취약층이 늘어났을까 감소했을까?

2021년 스트레스 점수 분포를 보면 한국인의 평균 스트레스 점수가 중간에서 오른쪽, 즉 높은 점수 쪽으로 편향돼 있다(부록 참고). 7점 이상의 높은 스트레스를 경험한 응답자가 전체 응답자의 48.24%나 된다는 점을 알 수 있다. 절반에 가까운 한국인이 과도한 스트레스를 경험하고 있는 것이다. 스트레스의 최고 위기 수준이라 할 수 있는 10점을 보고한 응답자는 10.55%였다. 이는 전체 응답자 가운데 15만 590명에 달하는 숫자다.

그래프 33 에서 7점 이상의 높은 스트레스 점수를 보고한 응답 비율을 코로나 전인 2019년과 코로나 첫해 점수와 비교해보았다. 2019년과 2020년에도 절반에 가까운 사람들이 7점 이상의 높은 스트레스를 경험했었다. 2021년 스트레스 7점 이상에 응답한 비율(48.24%)은 2019년 49.5%와 2020년 48.97%보다 약간 낮아졌지만, 여전히 절반에 가까운 수치다.

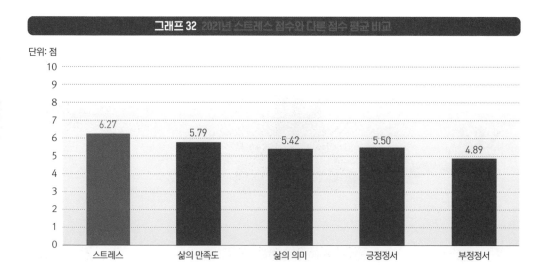

그래프 32 2021년 스트레스 점수와 다른 점수 평균 비교

단위: 점

	스트레스	삶의 만족도	삶의 의미	긍정정서	부정정서
점수	6.27	5.79	5.42	5.50	4.89

눈여겨볼 결과는 최고 극단값인 10점의 비율만 놓고 보면 2019년보다, 그리고 코로나 첫해인 2020년보다 증가했다는 점이다. 스트레스 점수의 최고 극단값인 10점의 비율이 (비록 그 수치는 작을지언정) 해마다 꾸준히 증가하는 추세다. 이보다 더한 스트레스를 받을 수 없는 지경에 놓인 사람들이 그만큼 한국 사회에 늘어났다고 할 수 있다.

대한민국은 선진국 진입 기준으로 평가받는 1인당 국민 총소득 3만 달러 시대에 이미 들어섰다. 그러나 삶의 질을 보여주는 안녕지수 지표들은 여전히 갈 길이 멀어 보인다. 경제 성장률은 선진국과 맞먹지만, 한국인의 행복의 질은 최하 수준에 머무르고 있다고 해도 과언이 아니다.

안녕지수를 측정해온 이래로 한국인의 스트레스는 계속 빨간색, 위험 경고 신호 상태다. 스트레스는 행복의 질을 저해할 뿐 아니라 신체 건강을 위협하는 핵심 요소다. 2022년에는 대한민국 스트레스 평균 점수가 가능한 6점 아래로 낮아지기를, 스트레스 취약층의 증가세가 꺾이는 한 해가 됐으면 하는 희망을 걸어본다.

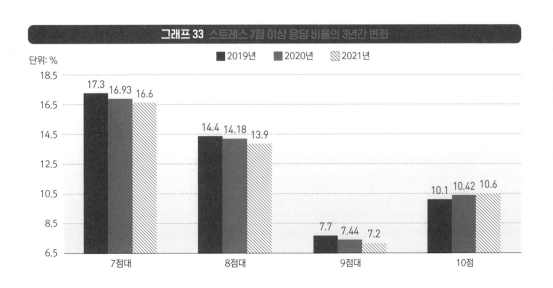

그래프 33 스트레스 7점 이상 응답 비율의 3년간 변화

단위: %

■ 2019년 ■ 2020년 ▨ 2021년

	7점대	8점대	9점대	10점
2019년	17.3	14.4	7.7	10.1
2020년	16.93	14.18	7.44	10.42
2021년	16.6	13.9	7.2	10.6

서울대학교 행복연구센터×카카오 프로젝트100

행복을 향해 걸어가는 시간:
100일간 행복 기록

Korea Happiness Report

2021년 3월 22일부터 6월 29일까지, 100일 동안 자신의 행복을 기록한 사람들이 있다. 서울대학교 행복연구센터와 카카오 프로젝트100이 함께 진행한 '100일간 행복 기록' 참여자들이다. 이 프로젝트는 100일이라는 결코 짧지 않은 시간 동안 자신의 행복을 기록함으로써, 자신의 행복을 스스로 키우는 습관을 형성하는 것을 목적으로 시작됐다. '100일간 행복 기록'을 어떻게 시작했는지, 또 누가 참여했으며 100일 동안 사람들의 행복이 어떻게 변했는지 하나씩 살펴보자.

정작 중요한 행복은 기록하지 않는 사람들

사람들은 자신에게 중요한 것들은 메모하고 또 기록한다. 꼭 기억해야 하는 약속들은 달력에 표시해두기도 하고, 자신의 체중이나 오늘 사용한 금액을 매일매일 기록한다. 이렇듯 우리가 기록하는 것들은 모두 우리에게 중요한 의미가 있는 것들이다.

아이러니하게도 행복해지기를 원하면서도 정작 자신의 행복을 꾸준히 기록하는 사람들은 드물다. '100일간 행복 기록'은 마치 가계부나 식단일지를 작성하듯 행복을 꾸준히 기록함으로써 미처 알지 못했던 자신의 행복을 발견하는 것을 목표로 시작했다.

행복 풍향계가 필요한 2가지 이유

우리의 행복은 시시각각 변한다. 늘 같은 곳을 향하지 않고, 매 순간 조금씩 마음이 향하는 곳이 바뀐다. 아주 작은 요인에도 우리의 마음은 크게 요동칠 수 있기 때문에, 순간순간 나의 마음을 기록해두지 않으면 나의 행복의 수준과 양상을 정확하게 파악하기 어렵다. 내 마음의 방향이 동쪽 또는 서쪽이 아니라 동으로 30도가량 움직이는 것과 같은 원리다.

보통 사람들은 행복의 상태를 일컬어 '행복하다' 또는 '불행하다'와 같이 이분해 생각하기 쉽다. 그러나 행복은 우리의 생각보다 매우 미세하고, 민감해 순간의 행복을 기록하지 않는다면 설령 자신의 행복이라고 하더라도 정확하게 파악하는 것이 어렵다. 우리의 행복을 꾸준히 기록하는 것은 우리의 행복이 얼마나 또 어떻게 변했는지 파악하는 데 도움을 줄 수 있다.

행복을 꾸준히
측정하고 기록하는
것은 자신의 행복에
도움이 되도록 일상을
재구성하기 위한
첫걸음이다.

행복을 기록하는 것이 이보다 더 중요한 이유는 기록을 통해 우리의 행복에 도움이 되거나 방해가 되는 요소를 파악할 수 있다는 점이다. 만약 일주일간 자신의 행복을 기록한 결과, 주중 아침 8시에 유독 기분이 저조하고, 오후 6시에 행복이 최고조에 이른 것을 발견할 수 있다.

이처럼 자신의 행복 양상을 확인했다면 이를 토대로 자신의 행복에 대한 원인을 찾아볼 수 있다. 출근과 퇴근이 행복 변화에 원인임을 확인했다면, 그다음에는 행복에 도움이 되는 방향으로 자신의 행동을 변화시킬 수 있을 것이다. 자신이 좋아하는 가수의 노래를 들으며 출근함으로써 스스로의 행복을 조금 더 높이기 위해 시도하는 것처럼 말이다.

행복을 꾸준히 측정하고 기록하는 것은 자신의 행복에 도움이 되도록 일상을 재구성하기 위한 첫걸음이다.

100일간 행복을 기록한 사람들은 누구였을까?

100일간 행복을 기록하는 프로젝트에 총 1,703명이 참여했다. 참여자들은 매일 카카오 마음날씨 플랫폼에 접속해 안녕지수에 응답하고, 자신의 안녕지수를 프로젝트100에서 입력함으로써 인증했다. 100일간 행복 기록을 종료한 후, 모든 참여자에게 자신의 행복 변화를 분석한 「내 마음 보고서」를 제공했다.

그림 1 100일간 행복 기록 참여자들에게 제공한 「내 마음 보고서」

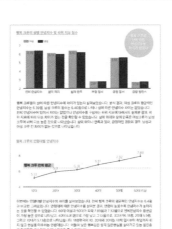

100일간 평균 인증률은 53%였다. 전체 참여자 가운데 97명(5.70%)은 100일간 단 하루도 빠지지 않고 안녕지수를 통해 자신의 행복을 기록하고 인증했다.

자신의 마음 상태를 더 자세히 알아보기 위해 추가 설문에 응답한 참여자는 1,703명 가운데 862명(50.61%)이었다. 이들의 응답 건수는 6만 6,728건에 달했다. 추가 설문에 응답한 참여자들의 자료를 통해, 어떤 사람들이 100일간 행복을 기록했으며 100일 동안 행복에 어떤 변화가 발생했는지 살펴보자.

추가 설문에 응답한 총 862명 중 참여자의 성별을 살펴보자. '100일간의 행복 기록'에 참여한 사람들의 성비는 카카오 마음날씨에 응답하는 참여자들과 유사하게 여성(747명)이 남성(115명)보다 더 많았다. 다음으로 참여자들의 연령대는 성별을 응답하지 않은 2명을 제외하고 30대(299명)가 가장 많았고 20대(243명), 40대(172명), 50대(112명), 60대 이상(18명), 10대(16명)가 그 뒤를 이었다.

그래프1 성별과 연령에 따른 참여자 비율

단위: %

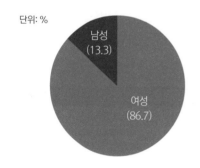

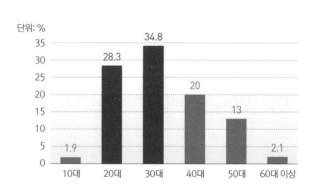

단위: %

■10대(2) ■20대(28.5) ■30대(33.8)
■40대(21.1) ■50대(13) ■60대 이상(1.6)

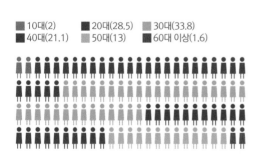

■10대(0.9) ■20대(27) ■30대(40.9)
■40대(13) ■50대(13) ■60대 이상(5.2)

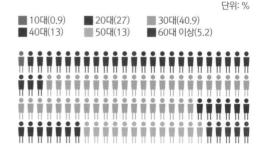

성별과 연령대별 참여자 비율을 살펴보면 여성과 남성 모두 20, 30 대 참여자의 비율이 가장 높았다. 여성의 전체 참여자 중 20대와 30 대 비율이 62.3%, 남성은 67.9%였다(그래프1).

'100일간 행복 기록'에 참여한 사람들은 몇 번이나 행복을 기록했을까? 100일간 참여자들이 안녕지수에 응답한 횟수는 최소 1회부터 최대 117회에 이르렀다. 참여자들의 평균 응답 횟수는 77.41회(표준편차 25.93)였다. 전체 참여자 가운데 69.14%가 100일간 70회 이상 안녕지수에 응답했다(그래프2).

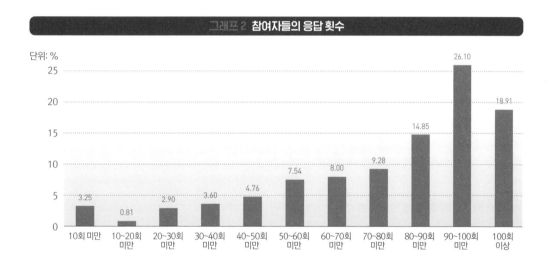

그래프 2 **참여자들의 응답 횟수**

단위: %

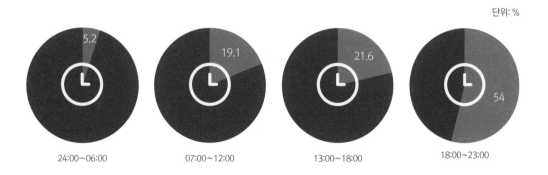

그래프 3 **시간대에 따른 응답 분포**

단위: %

24:00~06:00   07:00~12:00   13:00~18:00   18:00~23:00

참여자들은 어느 시간대에 가장 많이 응답했을까? 참여자들이 가장 많이 응답한 시간대는 오후 6시부터 자정 전까지였다. 특히 밤 10시~10시 59분(11.9%)과 저녁 7시~7시 59분(10.9%)에 응답률이 가장 높았다.

이는 2021년 안녕지수 전체 응답자가 낮 시간대에 가장 많이 응답한 것과 다소 다른 양상이다. 이를 통해 100일간 행복 기록 참여자들은 대체로 하루를 마무리하면서 하루 동안 자신의 안녕을 되돌아보았다는 것을 추측해볼 수 있다.

100일간 행복은 어떻게 변했을까?

100일간 행복을 기록한 안녕지수 평균은 6.39였다(그래프 4). 이는 2021년 전체 안녕지수 평균 5.28점에 비해 약 21% 더 높다. 이를 통해 100일간 행복 기록 참여자들의 평균 안녕지수가 더 높았다고 말하는 것은 주의할 필요가 있다.

100일간 행복 기록에 참여한 사람들의 평균 안녕지수가 높은 것이 아니라 특정 기간, 즉 100일간 행복 기록을 진행한 3월 22일부터 6월 29일까지 전체적으로 안녕지수가 높아졌을 가능성이 있기 때문이다.

따라서 2021년 3월 22일부터 6월 29일까지 같은 기간의 평균 안녕지수를 확인했다. 같은 기간 동안 안녕지수를 비교한 결과, 전체 안녕지수 응답자의 평균은 5.39로, 100일간 행복 기록에 참여한 사람들의 평균 안녕지수가 더 높았다.

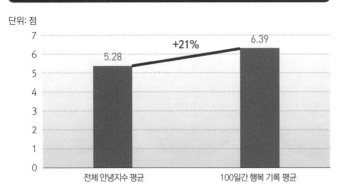

그래프 4 전체 안녕지수와 100일간 행복 기록 안녕지수 평균 비교

단위: 점

같은 기간 동안 평균을 비교했음에도 이를 통해 100일간 행복 기록이 참여자들의 행복을 높여주었다고 단정 지을 수 없다. 100일간 행복 기록에 참여한 사람들은 카카오 프로젝트100에 게시한 안내문을 보고 자발적으로 프로젝트에 참여했다.

자신의 행복에 더 많은 관심이 있고 꾸준히 행복을 관리한 사람들, 다시 말해 평소 행복 수준이 높은 사람들이 100일간 행복 기록에 참여했을 가능성이 있다. 따라서 100일간의 행복 기록에 참여한 사람들과 그렇지 않은 사람들의 행복 차이를 비교하기보다 100일간 행복을 기록한 사람들의 행복이 100일 동안 '어떻게' 변했는지 살펴보는 것이 더 적절하다.

100일간 행복을 기록한 사람들의 행복이 어떻게 변했는지 궤적을 통해 살펴보면, 프로젝트를 시작한 후 약 한 달 동안 행복이 오르다가 이 시기가 지나고 나서 행복이 주춤했다. 그러나 그 상태로 프로젝트 종료 시까지 행복이 유지되는 것이 아닌 이후에 다시 행복이 증가하는 상승 → 유지 → 다시 상승하는 양상을 보였다(그래프 5).

조금 더 자세히 들여다보면, 프로젝트 시작한 첫날인 3월 22일부터 37일째인 4월 28일까지 지속적으로 상승했으며 4월 29일부터 5월 29일까지 행복에 큰 변화 없이 유지됐다. 그러나 프로젝트 69일째인 5월 30일부터 다시 행복이 증가하기 시작해 100일간의 행복 기록 마지막 날인 6월 29일까지 꾸준히 증가했다.

그래프 5 **100일간 안녕지수 궤적**

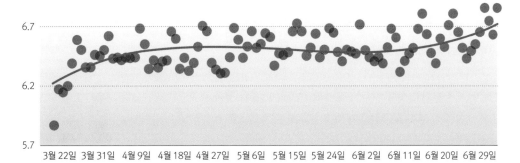

단위: 점

—— 안녕지수 궤적　● 평균 안녕지수

7.2

6.7

6.2

5.7

3월 22일　3월 31일　4월 9일　4월 18일　4월 27일　5월 6일　5월 15일　5월 24일　6월 2일　6월 11일　6월 20일　6월 29일

요약하면 행복을 기록한 100일 중 첫 30일간은 행복이 상승했으며, 이후 40여 일 동안 행복이 유지, 마지막 30일 동안은 다시 행복이 상승했다.

이번에는 안녕지수를 구성하는 하위 지표들이 어떻게 변했는지 살펴보자. 행복을 기록하기 시작한 첫날과 마지막 날의 변화를 살펴본 결과, 3월 22일 안녕지수 평균은 5.84, 6월 29일에는 6.70으로 첫날과 비교했을 때 마지막 날에 약 0.86점(14.68%) 상승했다.

흥미로운 점은 삶의 만족과 삶의 의미, 긍정정서 경험에 비해 스트레스나 부정정서 경험의 감소 폭이 더 컸다. 지루함은 행복을 기록한 첫날에 비해 마지막 날에 약 45% 감소했으며, 스트레스는 약 34%, 우울은 약 33% 감소했다.

100일간 행복을 기록한 사람들의 이러한 변화는 2021년 전체 안녕지수 응답자들과 비교해도 매우 두드러진 결과다. 100일간 행복 기록 참여자들과 마찬가지로 전체 안녕지수 및 하위 지표별 증감율을 살펴보면 긍정적인 지표들은 증가했고, 부정적인 지표는 감소하는 양상을 보였다. 이는 3월 22일에 비해 6월 29일에 사람들의 안녕지수가 대체로 높아졌다는 것을 보여준다.

그러나 변화의 정도를 자세히 들여다보면, 100일간 행복을 꾸준히 기록한 사람들의 변화 폭이 더 크다. 삶의 만족, 삶의 의미, 긍정정서 경험이 평균적으로 1.43% 증가한 것에 비해 100일간 행복 기록 참여자들은 7.17% 증가했다. 반면 스트레스와 부정정서 경험은 평균적으로 약 11.60% 감소한 것과 비교했을 때 약 33.66 감소해 약 3배 더 감소했다(그래프 6).

그렇지만 행복 기록의 효과는 보다 정교히 설계된 연구를 통해 검증될 필요가 있기 때문에 이러한 결과를 토대로 100일간 행복을 기록하는 것이 사람들의 행복에 크게 도움이 된다고 섣불리 판단하지 않도록 주의할 필요가 있다.

다음으로 100일간 행복 기록에 참여한 남성과 여성의 행복 변화에 차이가 있는지 살펴보았다. 첫날과 마지막 날 안녕지수를 살펴본 결과, 남성과 여성 모두 상승했다.

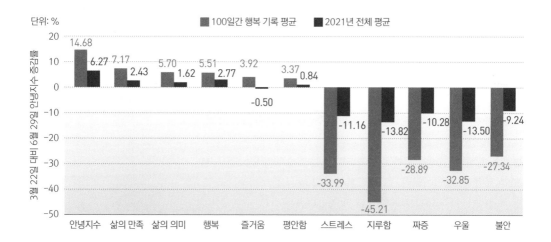

그래프 6 100일간 행복 기록에 참여한 사람들과 2021년 전체 안녕지수 및 하위 지표별 증감율

단위: %

■ 100일간 행복 기록 평균 ■ 2021년 전체 평균

3월 22일 대비 6월 29일 안녕지수 증감율

안녕지수	14.68	6.27
삶의 만족	7.17	2.43
삶의 의미	5.70	1.62
행복	5.51	2.77
즐거움	3.92	-0.50
평안함	3.37	0.84
스트레스	-33.99	-11.16
지루함	-45.21	-13.82
짜증	-28.89	-10.28
우울	-32.85	-13.50
불안	-27.34	-9.24

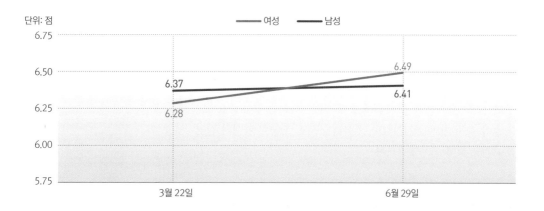

그래프 7 성별에 따른 첫날과 마지막 날 안녕지수 변화

단위: 점

── 여성 ── 남성

6.49

6.37

6.41

6.28

3월 22일 — 6월 29일

그러나 참여자들의 성별에 따라 안녕지수의 상승 폭은 다소 차이가 있었다. 첫날에 비해 마지막 날 안녕지수가 얼마나 변했는지 증감율을 살펴보면 남성은 0.69%, 여성은 3.34% 상승했다. 행복을 기록하는 동안 여성 참여자들의 안녕지수가 더 크게 변했다.

참여자들의 연령대에 따라 안녕지수 변화를 살펴보았다. 30대 이하 연령층 즉, 엠지세대와 40대 이상 연령층의 안녕지수 변화가 어떻게 다른지 살펴본 결과, 두 연령층 모두 첫날에 비해 안녕지수가 상승했다.

안녕지수가 얼마나 변했는지 자세히 살펴보면, 40대 이상 참여자들은 프로젝트 첫날인 3월 22일 안녕지수 평균 6.29에서 마지막 날인 6월 29일 7.21점으로, 첫날 대비 마지막 날에 약 4.27% 증가했다. 반면 30대 이하 연령층은 첫날 평균 5.96에서 마지막 날 6.09점으로 약 2.18% 증가해 안녕지수 변화는 40대 이상 연령층에서 더 컸다(그래프 8).

2021년 전체 안녕지수 평균값은 주말이 주중보다 더 높았다. 그렇다면 100일간 행복을 기록한 사람들 역시 주말에 행복의 평균이 더 높았을까? 먼저 100일 동안 주말에 해당하는 토요일과 일요일은 총 28일, 주중은 72일이었다. 100일 중 주말의 평균 안녕지수는 6.52로, 주중 평균인 6.34점보다 약 0.18점 높았다.

하위 지표별 차이를 살펴보면 스트레스의 주말과 주중 차이가 0.38점으로 가장 컸고, 그다음으로 짜증(0.28점 감소), 평안함(0.23점 증가) 순으로 차이가 컸다. 2021년 전체 주말과 주중의 차이가 0.09점임을 감안했을 때, 100일간 행복을 기록한 사람들은 전체 응답자에 비해 약 2배 더 큰 행복을 주말에 누렸다.

행복 기록, 더 큰 행복을 위한 첫걸음
서울대학교 행복연구센터와 카카오 프로젝트100이 함께 진행한 '100일간의 행복 기록'은 우리에게 행복을 기록하는 것이 중요하다는 점을 다시 한번 상기시킨다. 행복의 기록은 단순히 자신의 감정을 남기는 것에 그치지 않는다.

그래프 8 참여자의 첫날과 마지막 날 안녕지수 변화

단위: 점   ■40대 이상   ■엠지세대

7.5

7.21

6.92

7.0

6.5

6.0

5.96   6.09

5.5

5.0
3월 22일(첫날)   6월 29일(마지막 날)

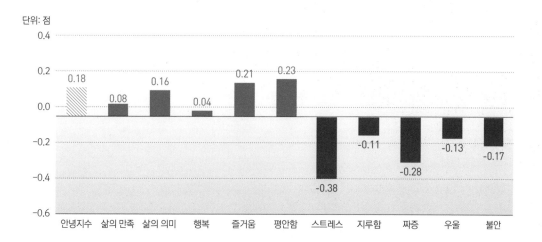

단위: 점

사람들은 행복을 기록하는 동안 매일 자신에게 안녕한지 질문했다. 100일 동안 나의 마음에 안부를 물어보는 동안 자신의 내면을 더 자주 들여다본 것이다. 마치 자세히 보고 오랫동안 보아야 사랑스러운 풀꽃같이, 자신을 지속적으로 보아온 사람들은 행복을 기록한 첫날에 비해 마지막 날 더 큰 행복을 경험했다.

매일 그리고 꾸준히 행복을 기록하는 것은 자신의 행복에 도움이 되는 활동과 방해가 되는 활동을 파악하는 기회를 제공한다. 꼭 심리학을 연구하는 사람들만 사람의 마음을 분석하는 것은 아니다. 안녕지수를 통해 매일매일 자신의 행복을 기록함으로써 사람들은 오늘 나의 행복이 어제보다 높았던 이유를 스스로 찾곤 했다.

'100일간 행복 기록'에 참여한 사람들은 마지막 인증을 하면서, '100일 동안 일기를 쓴 기분', '나에게 더 많은 관심을 가지고 나를 알아가는 시간', '꾸준히 프로젝트를 마무리한 나 스스로를 칭찬'하는 글들을 함께 남겼다.

행복 기록은 자신에게 더 많은 관심을 가지고, 나의 행복에 도움이 되는 것이 무엇인지 스스로 파악하며, 또한 꾸준히 기록한 것에 대해 스스로 성취감을 느끼는 데 도움이 될 수 있다. 결국 조금 더 행복해지기 위해 필요한 것은 행복에 대한 기록이다.

2021년 한국인의 속마음

빅데이터로 찾아낸 대한민국의 숨은 마음들

코로나 팬데믹이 시작된 이후 일상의 많은 부분이 변했다.

코로나가 확산하면서 마스크와 손 소독제는 생활필수품이 됐다. 이를 입증하듯, 2020년 한 해 동안 마스크와 손 소독제를 포함한 의약외품 생산액은 전년 대비 120% 이상 증가했다(통계청, 2021). 사회적 거리두기로 인해 직접적인 만남이나 모임 대신 온라인에서의 만남이 일상으로 자리 잡았다.

어느새 코로나 2년 차에 접어들면서 우리는 이른바 '뉴노멀(New normal)'이라는 새로운 일상에 적응하고 있는 것처럼 보인다.

식당에 방문할 때 QR코드를 찍거나 수기로 출입명부를 작성하는 것이 어색하지 않게 됐으며, 집에 머무는 시간이 길어지면서 인테리어 제품이나 가전제품에 대한 수요 역시 늘어나고 있다.

안타깝게도 마음은 새로운 일상에 적응하지 못한 것으로 보인다. 사회적 거리두기가 장기화하면서 우울감과 외로움을 호소하는 사람들이 증가하고 있기 때문이다. 특히 한국은 OECD 국가 가운데 우울증 유병률이 가장 높았다(OECD, 2021).

국가별 우울증 유병률을 조사한 결과, 2020년 기준 한국은 36.8%로 OECD 회원국 중 가장 높았다(그래프1). 미국은 코로나 팬데믹 이전과 비교했을 때 2020년에 약 3.5배 상승했고, 이탈리아와 일본도 각각 3.14배와 2.18배 증가했다. 대부분 국가에서 우울증 유병률이 가파르게 증가했음에도 불구하고 한국의 유병률에 미치지 못했다.

게다가 매년 한국의 우울증 환자 수 역시 증가하고 있는 추세다. 2020년 기준 국내 우울증 환자 수는 약 83만 명으로 5년 전에 비해 약 30% 이상 증가했다(건강보험심사평가원, 2021).

최근 5년간 우울증 환자 수는 매해 평균 6.8%씩 증가하고 있다. 2021년 1월부터 7월 사이 우울증 환자 수는 69만 5,580명으로 2020년 한 해 동안 내원한 환자 수의 약 83%에 이르렀는데, 2021년 하반기 환자 수를 모두 포함한다면 2020년에 비해 훨씬 더 증가할 것으로 예상한다.

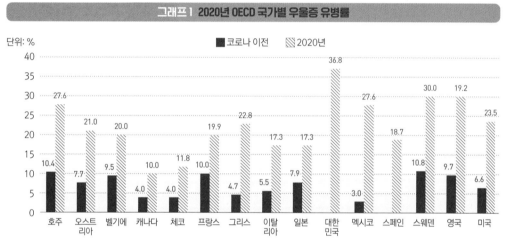

그래프 1 2020년 OECD 국가별 우울증 유병률

단위: %

■ 코로나 이전   ▨ 2020년

출처: www.oecd.org/coronavirus/policy-responses/tackling-the-mental-health-impact-of-the-covid-19-crisis-an-integrated-whole-of-society-response-0ccafa0b/

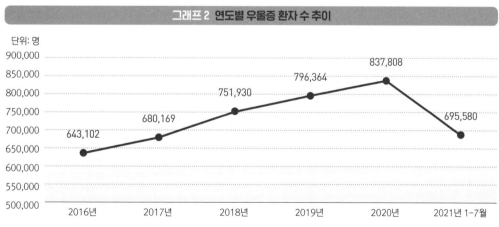

그래프 2 연도별 우울증 환자 수 추이

단위: 명

출처: 건강보험심사평가원, 2021

외로움이 증가할수록
우울증 증상 역시
증가했는데, 이는
외로움이 우울증으로
전이될 수 있다는
것을 의미한다.

한국인의 우울감은 병원 밖에서도 찾을 수 있다. 우울감은 일상에서
외로움이라는 감정으로 나타나곤 한다. 최근 발표된 연구에 따르면,
50대 이상 성인 4,211명을 대상으로 12년에 걸쳐 지속적으로 조사
한 결과, 우울증 환자의 18%가 외로움이 원인으로 나타났다(Lee 등,
2021).

외로움이 증가할수록 우울증 증상 역시 증가했는데, 이는 외로움이
우울증으로 전이될 수 있다는 것을 의미한다.

코로나 2년 차에 접어들면서 일상 속 외로움에 더 많은 주의와 관심
을 기울일 필요가 있다. 다른 사람과의 관계 맺음은 줄어드는 반면
혼자 생활하는 시간이 많아지면서 외로움이 커지고 있기 때문이다.

코로나 팬데믹 이전과 비교했을 때 외로움을 느끼는 정도를 조사한
결과, 10명 중 4명에 해당하는 43.2%가 외로움을 느끼고 있다고 응
답했다(《서울신문》, 2021). 특히 30대 이하는 31.65%가, 40대 이상은
50.97%가 외로움을 느낀다고 응답했다.

이에 본 연구진은 카카오 같이가치 마음날씨 데이터베이스를 활용
해 마음날씨 코로나 2년 차에 접어든 현재, 코로나 1년 차와 비교해
한국인의 외로움은 어떻게 변했는지 살펴보았다. 이와 더불어 외로
움과 안녕지수의 관계가 2020년과 2021년에 어떻게 달라졌는지
조사해보았다.

먼저 자료 수집에 사용한 문항과 참여자에 관한 정보를 살펴보고자 한다. 사람들의 외로움을 측정하기 위해 5개 문항을 사용했다(김옥수, 1997).

사람들은 아래 제시한 각 항목에 대해 동의하는 정도를 1점(전혀 동의하지 않는다)부터 5점(전적으로 동의한다) 사이의 숫자로 응답했다. 외로움은 5개 문항에 대한 평균 점수를 산출해 분석했으며, 점수가 높을수록 외로움을 느끼는 정도가 더 크다는 것을 의미한다.

- 사람들과 잘 교제하지 않는 편이다
- 평소에도 혼자 남겨진 기분이 든다
- 종종 다른 사람들로부터 소외감을 느낀다
- 평소에도 사람들과 가까이 지낸다(역문항)
- 언제든 의지할 사람들이 있다(역문항)

사람과의 관계 맺음은 줄어드는 반면 혼자 생활하는 시간이 많아지면서 외로움이 커지고 있기 때문이다.

2020년 3월 30일부터 2021년 12월 31일까지 수집한 자료를 분석에 사용했으며 총 9만 2,722명이 조사에 참여했다. 전체 응답 건수는 9만 8,317건(2020년 9만 2,558건, 2021년 5,759건)이었다. 참여자 중 83.5%가 여성(7만 7,466명), 16.5%가 남성(1만 5,256명)이었다. 평균 연령은 33.04세(표준편차 11.57세)였으며 만 14세부터 72세까지 조사에 참여했다.

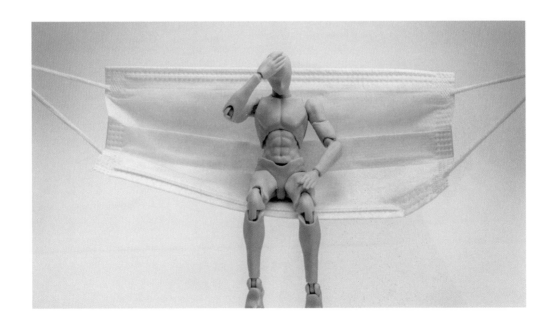

코로나 2년 차, 한국인의 외로움은 어떻게 변했나?

코로나 2년 차에 접어든 2021년(평균 2.88)의 외로움은 2020년(평균 2.86)과 큰 차이가 없었다. 그러나 세부 문항들을 자세히 들여다보면, "사람들과 잘 교제하지 않는 편이다"와 "언제든 의지할 사람들이 있다(역문항)"의 경우 2020년과 비교했을 때, 2021년에 각각 1.83%와 2.17% 증가했다(그래프 3).

사회적 거리두기가 장기화하면서 사람들과의 만남이 줄어들었고, 이로 인해 사람들과의 교제가 줄어든 것은 어느 정도 예상할 수 있는 결과다. 그러나 의지할 다른 사람들이 없다는 응답이 증가한 것은 사회적 거리와 함께 사람들과의 심리적 거리가 멀어졌음을 의미한다.

이러한 외로움의 증가는 30대 미만에 비해 40대 이상에게 더 두드러졌다(그래프 4 상단). 30대 이하는 2020년(평균 2.85)에 비해 2021년(2.83)에 다소 감소해 전체 평균과 유사했다. 그러나 40대 이상은 2020년(평균 2.77)에 비해 코로나 2년 차에 접어든 2021년(평균 2.90)에 외로움이 증가했다.

40대 이상의 외로움 점수대별 분포를 살펴본 결과(그래프 4 하단), 1점과 2점대가 각각 3%, 4.3% 감소한 반면 3점, 4점, 5점대는 각각 4.5%, 2.8%, 0.1% 증가했다. 다시 말해 보통 이상의 외로움을 느끼는 사람들이 코로나 1년 차에 비해 2년 차에 모두 증가한 것이다.

사회적 거리두기가 장기화하면서 사람들과의 만남이 줄어들었고, 이로 인해 사람들과의 교제가 줄어든 것은 어느 정도 예상할 수 있는 결과다.

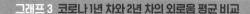
그래프 3 코로나 1년 차와 2년 차의 외로움 평균 비교

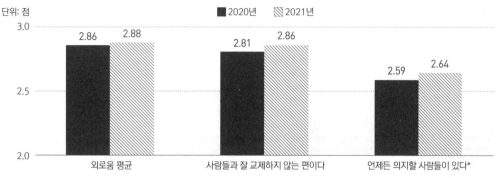

단위: 점

■ 2020년 ▨ 2021년

*는 역문항을 나타냄.

그래프 4 연도와 연령 집단에 따른 외로움 평균 비교

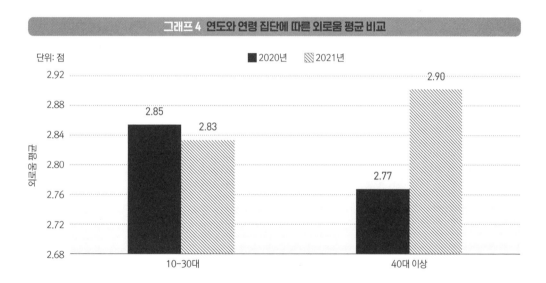

단위: 점

■ 2020년 ▨ 2021년

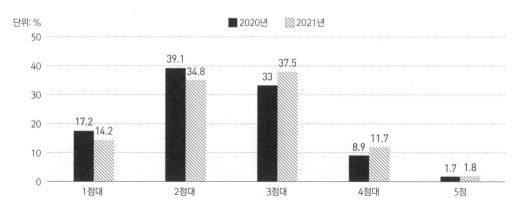

단위: %

■ 2020년 ▨ 2021년

남성들의 외로움
증가는 사회적 고립에
기인했을 가능성이
있다.

연령대뿐 아니라 성별에 따른 차이 역시 발견됐다. 코로나 2년 차 외로움의 증가는 여성보다 남성에게서 더 두드러졌다. 여성은 2020년(평균 2.84)과 2021년(평균 2.84) 외로움에 차이가 없는 반면 남성은 2020년(평균 2.80)에 비해 2021년(평균 2.89)에 외로움이 더 높았다.

남성들의 외로움 증가는 사회적 고립에 기인했을 가능성이 있다.

남성은 여성에 비해 사회적 관계의 빈도나 강도 부족으로 인해 사회적 고립에 취약할 수 있다. 통계청(2022)에 따르면, 몸이 아파 집안일을 부탁하거나 대화 상대가 필요할 때 남성(36.6%)은 여성(31.6%)에 비해 도움을 요청할 사람이 없다고 응답한 비율이 더 높았다.

코로나 팬데믹 전인 2019년과 2021년을 비교했을 때, 여성은 이러한 사회적 고립의 정도가 약 19.7% 증가한 반면 남성은 26.2% 증가해 코로나로 인한 남성의 사회적 고립이 심각해지고 있음을 시사한다.

지역별 외로움을 비교한 결과, 2021년 한 해 외로움이 가장 높은 지역은 전라남도(평균 3.04), 가장 낮은 지역은 제주특별자치도(평균 2.66)였다. 특히 전라남도는 코로나 1년 차인 2020년(평균 2.85)과 비교했을 때 미미하지만 외로움이 0.19점 증가했다. 반면 제주특별자치도는 2020년(평균 2.87)에 비해 0.21점 감소했다 그림1).

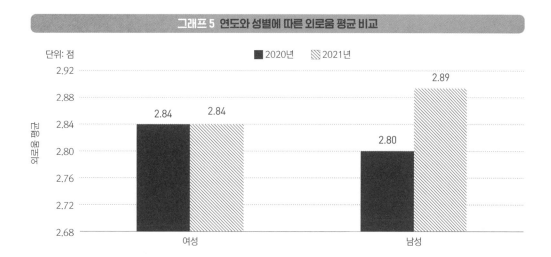

그래프 5 연도와 성별에 따른 외로움 평균 비교

단위: 점　　　　　　　■ 2020년　▨ 2021년

외로움 평균

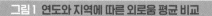

그림 1 연도와 지역에 따른 외로움 평균 비교

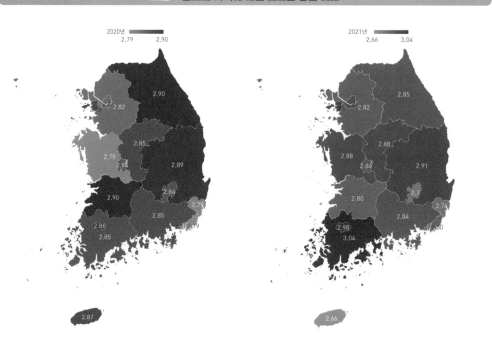

코로나 팬데믹이 지속될수록 특히 고령인구 비율이 높은 지역 거주민의
심리적 안녕이 더욱 위협받을 수 있다는 것을 시사한다.

전국 지역 중 전라남도가 외로움이 가장 높은 이유는 고령인구 비율에서 찾을 수 있을 것이다. 전라남도는 2020년(23.5% vs. 전국 평균 16.4%)과 2021년(24.3% vs. 전국 평균 17.1%) 모두 전국에서 65세 이상 고령인구 비율이 가장 높은 지역이었다(통계청, 2022). 이는 코로나 팬데믹이 지속될수록 특히 고령인구 비율이 높은 지역 거주민의 심리적 안녕이 더욱 위협받을 수 있다는 것을 시사한다.

외로움, 마음의 안녕을 잠식하다
외로움은 사람들이 고통을 경험하도록 한다. 기존 연구 결과에 따르면(Eisenberger 등, 2003), 외로움을 느낄 때 활성화하는 뇌 영역은 문지방에 발가락을 찧는 것과 같이 물리적 고통을 경험할 때 활성화하는 두뇌의 영역과 동일하다.

다시 말해 외로움은 사람들에게 물리적 고통만큼 위협적인 사회적 통증을 유발한다. 외로움은 우리의 심리적 웰빙도 위협한다. 기존 연구들에 따르면, 외로움과 웰빙은 부적 관련성을 가지고 있어 외로움이 증가할수록 심리적 웰빙은 감소한다.

2021년 한 해 동안 사람들의 외로움은 전년도에 비해 다소 증가한 것을 앞서 확인했다. 그렇다면 외로움이 심리적 안녕을 저해하는 효과가 코로나 1년 차와 2년 차에 따라 다르게 나타날까?

이를 확인하기 위해 분석해본 결과, 외로움과 안녕지수가 맺고 있는 관계가 연도마다 달랐다. 보다 구체적으로, 외로움의 증가로 인해 심리적 안녕감이 감소하는 효과는 코로나 1년 차인 2020년에 비해 2021년에 더 가파른 편이다(그래프 6).

연도별로 살펴보면, 2020년에는 외로움과 심리적 안녕감의 상관계수가 -0.56인 반면 코로나 2년 차인 2021년에는 -0.59로 외로움이 심리적 안녕을 위협하는 정도가 미약하지만 더 커졌음을 확인할 수 있었다.

새로운 일상에 적응하기 위한 우리의 숙제
코로나는 마스크의 습관화, 재택근무, 비대면 수업, 여행이나 모임의 축소 등 일상을 크게 바꿔놓았다. 어색하고 불편했던 첫해를 지나 2년 차에 접어들면서 사람들은 새로운 일상에 빠르게 적응하고 있다.

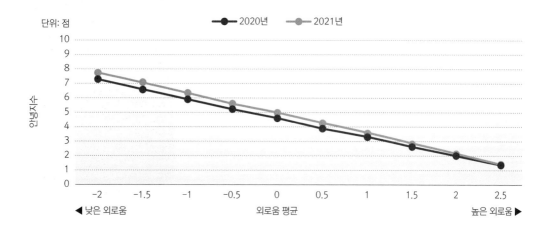

그래프 6 연도와 외로움에 따른 안녕지수

단위: 점

─●─ 2020년   ─●─ 2021년

안녕지수

◀ 낮은 외로움   외로움 평균   높은 외로움 ▶

코로나가 장기화하면서 이 같은 감염 예방을 위한 노력과 함께 외로움이나 고립감에 대처하기 위한 노력도 필요하다.

그러나 변화된 생활방식에 빠르게 적응하는 것과 달리, 우리의 마음은 새로운 일상에 좀처럼 적응하지 못하고 있는 것처럼 보인다.

코로나 1년 차에 비해 외로움은 미미하게 더 높아졌고 연령이나 성별에 따른 차이가 존재하지만, 대부분 사회적 고립감이나 외로움을 경험하고 있다. 게다가 심리적 안녕을 저해하는 외로움의 영향력은 코로나 2년 차에 접어들면서 더 커졌다.

코로나를 극복하기 위한 노력은 지속되고 있다.

정부·기업·학계 가릴 것 없이 코로나 백신 개발에 집중했다. 그 결과 국내에서 첫 확진자가 발생한 지 채 1년이 되지 않아 백신 접종이 시작됐다. 2022년 2월 기준 한국인 가운데 86%가 백신 접종을 완료했고, 사회적 거리두기를 포함한 정부의 방역 지침과 개인위생 수칙을 준수해오고 있다.

코로나가 장기화하면서 이 같은 감염 예방을 위한 노력과 함께 외로움이나 고립감에 대처하기 위한 노력도 필요하다. 코로나가 남긴 외로움 같은 마음의 상처는 팬데믹이 끝나도 고스란히 남아 있을 수 있기 때문이다.

"삶을 사는 데 도움이 될 만한 한 가지 성격을 고를 수 있다면 유머 감각을 선택하십시오(If you could choose one characteristic that would get you through life, choose a sense of humor)."

—제니퍼 존스(Jennifer Jones)

한국인의 유머

우리 전통문화에는 유독 해학과 풍자가 많다. 전래 동화를 살펴보면 호랑이나 도깨비도 공포스럽기보다는 곶감을 좋아하거나 엉뚱한 모습을 보이는 익살스러운 존재로 그려진다. 이야기뿐 아니라 민화에도 웃음과 해학이 담겨 있다.

고려 시대에는 어릿광대가 재주를 부리고 사회 문제를 풍자하는 연극으로 관객들을 웃겼고, 조선 시대에는 사당패가 전국을 돌아다니며 기예와 마당극을 통해 관객들에게 카타르시스와 위로를 주었다. 이처럼 한국 전통문화는 한국인의 한(恨)의 정서를 웃음으로 해소하고 승화하는 조상들의 지혜가 담겨 있다(윤병렬, 2013).

오늘날에도 웃음의 무대는 끊임없이 새로운 플랫폼에서 펼쳐지고 있다. 2020년 KBS2의 〈개그콘서트〉 폐지를 마지막으로, 지상파 방송국 개그 프로그램이 사라지면서 설 자리를 잃은 개그맨들은 유튜브 채널을 통해 새로운 플랫폼에서 관객과 접촉하기 시작했다.

대표적인 유튜브 채널인 〈피식대학Psick Univ〉, 〈빵송국〉, 〈빠더너스 BDNS〉, 〈웃음박재〉 등은 개그맨들이 다양한 캐릭터를 연기하고 상황극을 만들어 새로운 세계관을 확장해가는 방식으로 사람들에게 웃음을 선사한다.

자신이 주로 하는
농담은 어떤 스타일에
가까운지 그리고 어떤
유머를 들었을 때
웃게 되는지
체크해보자.

전 세계적으로 코로나로 힘든 상황이 지속되는 가운데 이러한 웃음은 한국인의 삶에 구체적으로 어떠한 영향을 미칠까? 이를 알아보기 위해 카카오 같이가치를 통해 유머가 한국인의 행복에 미치는 영향을 살펴보고자 한다.

유머의 4가지 스타일

유머란 다른 사람을 웃기는 말이나 행동을 가리킨다. 개그맨마다 각자의 유머 스타일이 있는 것처럼 개인이 주로 구사하는 유머도 총 4가지 스타일로 구분할 수 있다(Martin 등, 2003). 자신이 주로 하는 농담은 어떤 스타일에 가까운지 그리고 어떤 유머를 들었을 때 웃게 되는지 체크해보자.

(1) 사회적 유머

사회적 유머(Social humor)는 다른 사람을 즐겁게 하고, 긴장을 완화시키고, 관계를 좋게 하려는 의도로 하는 농담을 뜻한다. 이러한 착한 유머는 다른 사람을 편안하게 해주기 위한 농담이기 때문에 자신과 타인을 모두 긍정하는 특징이 있으며 공격적이지 않다.

스스로를 살짝 낮추는 농담도 포함되지만, 자신을 지나치게 비하하지 않는 범위에서의 농담을 하기 때문에 말하는 사람의 매력을 증가시키고 인간관계에 도움이 된다.

(2) 자기확장 유머

자기확장 유머(Self-enhancing humor)는 세상과 자신의 삶에 대한 유머러스한 시선을 의미한다. 즉, 자기확장 유머는 타인과의 관계가 아닌 개인이 혼자 있을 때의 세상과 인생을 바라보는 시각이다.

자기확장 유머를 가진 사람은 인생에 힘든 일이나 스트레스가 있을 때 그 사건을 코미디로 웃기게 해석할 수 있는 여유를 가지고 있다. 이 유머 능력은 자신의 감정을 조절하고 삶의 사건들을 대처하는 방법과 관련이 있다. 높은 자존감과 심리적 안녕에 도움을 주며 불안·우울·신경증을 낮춘다.

(3) 공격적 유머

공격적 유머(Aggressive humor)는 다른 사람을 놀리고, 비하하고, 폄하하는 농담을 의미한다. 일반적으로 성차별적, 인종차별적 유머

도 이에 해당하며 타인에게 상처를 주고 소외시키는 유머이다. 상대방의 행동을 조종하기 위한 가스라이팅의 한 방법으로써 상대방을 깎아내리는 공격적 유머를 사용할 수 있다.

이 스타일의 유머는 적대감·분노·공격성과 관련이 있다. 대인 관계를 파괴하며 주로 사이코패스가 쓰는 유머 스타일로 알려져 있으므로(Masui 등, 2013) 이러한 유머를 자주 하는 사람은 조심할 필요가 있다.

(4) 자멸적 유머

자멸적 유머(Self-defeating humor)는 다른 사람들을 웃기기 위해 지나치게 스스로를 낮추고 웃음거리로 만드는 자기비하적 유머를 뜻한다.

공격적 유머는 적대감·분노·공격성과 관련이 있다.
대인 관계를 파괴하며 주로 사이코패스가 쓰는 유머 스타일로
알려져 있으므로 이러한 유머를 자주 하는 사람은 조심할 필요가 있다.

이 스타일의 유머는 마음에 있는 기분 나쁜 감정을 감추고 진짜 문제는 해결하지 않는 자기방어적인 의도와도 관련이 있다. 이러한 유머를 자주 하는 사람은 매우 재미있는 사람으로 보일 수 있지만, 그 내면에는 정서적 결핍, 현실 회피, 낮은 자존감이 존재하기도 한다.

일반적으로 사회적 유머, 자기확장 유머는 긍정적인 유머 스타일로 우리의 삶과 관계를 밝고 좋게 변화시키는 반면 공격적 유머나 자멸적 유머는 우리의 자존감과 관계를 더 상하게 할 수도 있다. 앞으로 말하는 유머는 긍정적인 유머 스타일인 사회적 유머와 자기확장 유머로 한정하고자 한다.

유머 = 강력한 스펙?

밝고 건강한 유머는 긴장을 완화하고 분위기를 편안하게 한다. 서구 사회에서는 유머가 기분뿐 아니라 스트레스를 줄이고 건강을 증진하는 데 도움이 된다고 생각해 정신적·신체적 질병을 치료하는 목적으로 사용되기도 한다(Porterfield, 1987).

유머는 우리가 삶을 살아가는 데 다양한 측면에서 큰 도움을 준다. 먼저 유머는 우리가 경험하는 나쁜 감정들을 해소해주는 동시에 현실 감각을 잃지 않게 한다(Boyle & Joss-Reid, 2004).

또한 유머는 힘든 일을 당했을 때 그 사건으로부터 심리적 거리를 두게 해 우리를 상처로부터 보호하는 역할을 해 극복할 수 있도록 돕고(Lefcourt 등, 1995) 마주한 문제에 대한 긴장을 완화해준다(Dixon, 1980).

유머는 대인 관계에서도 큰 매력으로 발휘될 수 있다. 과거 연구에 따르면 웃긴 사람들은 인기가 많고 외로움도 덜 느끼는 것으로 나타났다(Wanzer 등, 1996). 사람들은 센스 있게 적절한 유머를 잘 구사하는 사람을 보고 자신감과 능력이 높을 것이라고 판단할 뿐 아니라 그 사람의 사회적 지위나 영향력도 높을 것이라고 평가했다(Bitterly 등, 2017).

유머는 이성 관계에서도 다른 조건 못지않게 중요하다. 유머는 이성 간 첫 만남에 강력한 역할을 하며 진지한 관계로 발전하는 데도 영향을 주었다(Fraley & Aron, 2004). 두 사람이 함께 웃는 경험이 반복될 때 친밀감이 급증하면서 미래에 대해 긍정적인 생각을 하게 되는 효과가 있었다(Barelds & Barelds-Dijkstra, 2010).

좋은 관계를 위해서는 유머코드가 맞는가도 매우 중요하다. 결혼한 부부의 유머코드는 비슷한 것으로 보고됐고(Hahn & Campbell, 2016), 상대방을 웃게 만드는 유머는 사랑의 표현으로 사용되어 성공적인 결혼 생활에서 긍정적으로 작용했다(Johari, 2004).

재미있게도 유머 인식에 대한 남녀 차이가 존재한다. 여성은 남성이 타인을 깎아내리는 공격적인 유머를 할 때 이성적 매력이 떨어진다고 보고한 반면, 남성은 여성이 자신을 깎아내리는 자기비하적 유머를 할 때 이성적 매력이 떨어지는 것으로 나타났다(Fredriksson & Groundstroem, 2020).

유머는 어떻게 측정할까?
그렇다면 유머는 어떻게 측정할 수 있을까? 현재까지 개발된 유머 척도 가운데, 심리학 연구에서 가장 많이 사용한 유머 척도를 한국 문화에 맞춰 수정한 9개 문항이 카카오 같이가치를 통해 다음과 같이 측정됐다(Martin 등, 2003).

유머는 대인 관계에서도 큰 매력으로 발휘될 수 있다. 과거 연구에 따르면 웃긴 사람들은 인기가 많고 외로움도 덜 느끼는 것으로 나타났다.

유머 척도 측정 문항
1 나는 가장 친한 친구들과 농담을 많이 한다
2 나는 재미있는 농담을 좋아한다
3 나는 남을 웃기는 일에 자신이 있다
4 불행하다고 느낄 때, 웃긴 것들을 떠올리려 노력한다
5 나는 여러 상황에 적응하기 위해 유머를 활용할 수 있다
6 보통, 농담 혹은 사람들을 웃기는 일을 좋아하지 않는다(역계산)
7 유머 감각이 있는 사람을 높이 평가한다
8 내 말재주는 다른 사람들을 즐겁게 한다
9 내 유머 감각은 내가 우울감에 빠지지 않도록 도와준다

앞서 본 4가지 유머 스타일 중에 긍정적인 사회적 유머와 자기확장적 유머를 중심으로 질문을 구성했다. 응답자들은 각 문항에 동의하는 정도에 따라 7점 척도(1=전혀 아니다, 7=매우 그렇다)로 응답했다.

한국인의 유머
카카오 같이가치 유머 조사에는 총 8만 1,128명이 참여했다. 응답자 중 여성이 31.3%, 남성이 68.7%를 차지했으며 10~30대 응답자들이 95.5%로 대다수를 차지했다. 2021년 한국인의 유머 수준은 7점 만점에 4.66(표준편차 1.06)이었다. 대부분 응답자가 자신의 유머 수준을 '보통'에 해당하는 4점으로 평가했다.

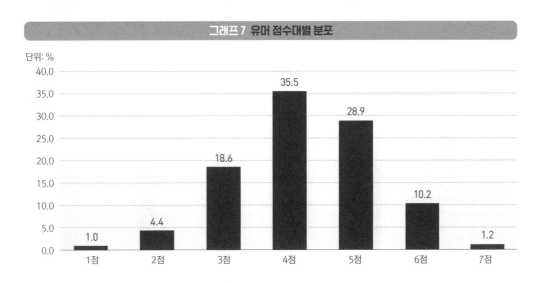

그래프 7 유머 점수대별 분포

단위: %

성별과 연령에 따른 한국인의 유머 추이

한국인의 유머 수준을 성별로 분석한 결과, 남성(평균 4.69점)이 여성(평균 4.59점)보다 스스로 더 유머 점수를 높게 평가했다. 그렇다면 연령에 따른 유머 수준은 어떻게 달라질까? 스스로 가장 유머가 있다고 평가하는 연령은 10대였다.

연령별에 따른 유머 점수는 남녀에 따라 달랐다. 흥미롭게도 남성의 경우 10대에 스스로의 유머를 가장 높게 보고했으며, 점점 낮아지다가 40대를 기점으로 다시 증가해 60대에 가장 높았다. 반면 여성은 나이가 들면서 유머 점수가 점점 높아지다가 40대를 기점으로 자신의 유머를 점차 낮게 보고하고 있다.

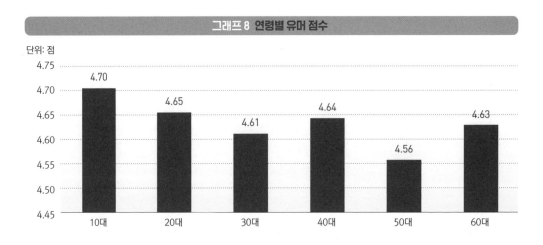

그래프 8 연령별 유머 점수

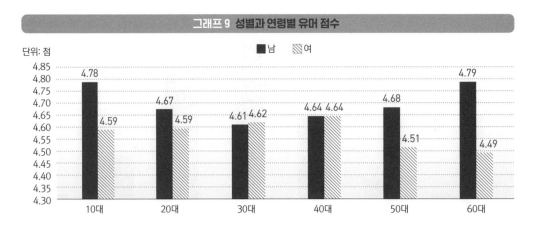

그래프 9 성별과 연령별 유머 점수

우리 사회에
'아재 개그'라는
단어는 있는데 왜
'아줌마 개그'라는
단어는 없는지를
보여주는 하나의
재미있는 단서라고
볼 수 있겠다.

즉, 남자는 나이가 들수록 자신의 유머에 자신감이 생기는 것으로 보인다. 우리 사회에 '아재 개그'라는 단어는 있는데 왜 '아줌마 개그'라는 단어는 없는지를 보여주는 하나의 재미있는 단서라고 볼 수 있겠다.

가장 유머러스한 지역은?

거주 지역에 따라 유머 점수에 차이가 날까? 거주 지역별 유머 점수 평균값을 계산한 결과, 대구의 유머 점수가 4.71로 가장 높았다. 그 뒤를 이어 부산·서울·세종에 거주하는 사람들의 유머 점수가 상대적으로 높은 것으로 보고됐다. 가장 진지한 지역은 경북·전남· 경남 순이었다.

유머가 행복에 미치는 영향

그렇다면 유머 수준은 우리의 행복에 어떤 영향을 미칠까? 서양의 연구와 마찬가지로 한국인도 유머 수준과 안녕지수는 밀접한 관계가 있었다.

즉 농담의 힘을 알고, 농담을 평소에 자주 하고 즐기는 사람일수록 전반적인 안녕지수, 삶의 만족, 삶의 의미, 긍정적인 정서가 높았다. 유머는 행복을 증가시키고 일상에서 경험하는 부정적인 정서를 낮추는 일종의 진통제 역할을 했다.

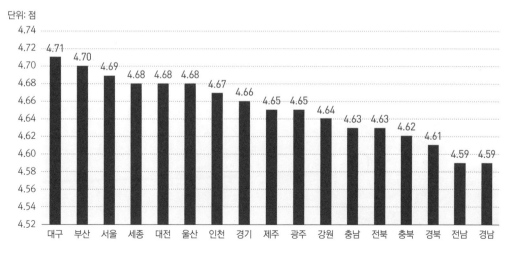

그래프 10 지역별 유머 점수

단위: 점

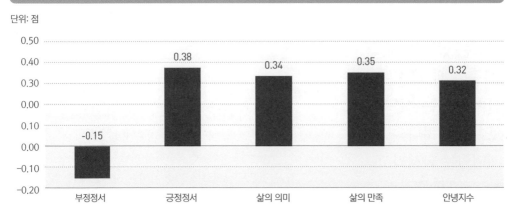

단위: 점

	부정정서	긍정정서	삶의 의미	삶의 만족	안녕지수
값	-0.15	0.38	0.34	0.35	0.32

유머를 즐기는 사람은 나이가 들수록 행복해져

그렇다면 유머가 우리 인생의 행복에 미치는 영향은 나이에 따라 어떻게 변화할까? 그래프 12 를 보면 유머와 안녕지수 간의 긍정적인 관계가 10대에서 40대까지 비슷한 정도였다가, 특히 50대 이후로는 영향력이 더욱 커지는 것을 볼 수 있다. 즉 농담을 자주 하고 유머를 즐기는 습관은 50대 이후의 행복을 위한 좋은 투자임을 보여준다.

재미있는 점은 나이가 들수록 이 가벼워 보이는 농담과 유머가 그 당시의 기분을 일시적으로 좋게 할 뿐 아니라 전반적인 삶의 만족도 함께 높여준다는 점이다. 10대 때만큼이나 60대에 유머는 삶의 만족을 높여준다. 나이가 들수록 유머와 농담을 가볍게 여기지 않고 일상에서 즐기는 습관은 노년의 전반적인 삶의 만족도를 위한 효과적인 노후 대책이라고 볼 수 있다.

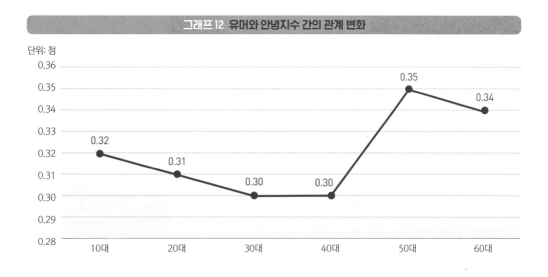

그래프 12 유머와 안녕지수 간의 관계 변화

단위: 점

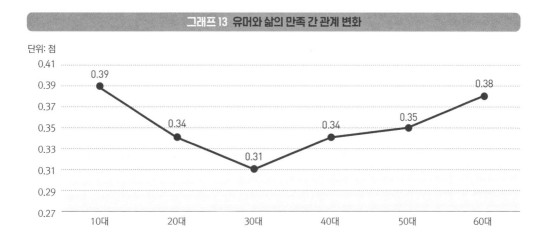

그래프 13 유머와 삶의 만족 간 관계 변화

단위: 점

나이가 들수록 유머와 농담을
가볍게 여기지 않고
일상에서 즐기는 습관은 노년의
전반적인 삶의 만족도를 위한
효과적인 노후 대책이라고 볼 수 있다.

끝날 듯 끝나지 않는 코로나 영향 아래에서 2021년 배달 앱을 통한 음식 배달량은 증가했다. 한 배달 앱의 보고서에 따르면, 지난해 기준으로 전국 읍면동 음식점의 80%가 배달 앱에 등록되어 있으며 사람들은 한 달에 평균 5번 이상 앱을 이용해 음식을 주문했다고 한다(『배민트렌드 2021』).

주문앱을 통한 음식 주문은 사람들이 단순히 끼니를 해결하기 위한 방편을 넘어선 제철 음식 탐방 기능 또한 포함하고 있었다. 앱의 이용 패턴을 살펴보니, 7월에는 '백숙'(검색량이 전월 대비 200% 증가, 『배민트렌드 2021』), 11월이 되면 '과메기'(검색량이 전월 대비 310% 증가) 등의 제철 음식 주문량이 증가했다는 것이 그 사실을 반영해준다. 아침에 눈 떴을 때 프리미엄 원두 커피를, 야식으로는 참치회, 심지어 계절 불문하고 눈꽃빙수를 즐길 수 있는 시대가 됐다.

마음만 먹으면 앱을 열어 원하는 음식을 주문하는 시대, 이 시간 속에서 음식을 먹는다는 행동은 단순히 배를 채우는 행동 그 이상을 의미하는 것은 틀림없다.

먹는 이유: 배고픔 vs. 허한 마음(Physical hunger vs. Emotional hunger)

먹는 이유 1: 배고픔
음식을 먹고 마시는 행동은 외부 영양분을 체내로 받아들여 생활에 필요한 에너지를 만드는, 생존에 꼭 필요한 행위다. 한국인은 성인 남자 기준 약 2,500~2,600kcal의 에너지원을 권장하는데 이는 탄수화물 약 130g과 단백질 65g을 포함한 여러 음식으로 섭취할 수 있다(식품의약품안전처, 한국인 영양섭취 기준 부표 참조).

당신은 행복에
배부르십니까?

음식이 주는
배부름과 행복

아침과 저녁 2번의 식사를 하던 과거와 달리 근대화·산업화 시기에 걸쳐서 '점심시간'이 형성됐고, 현대인은 깨어 있는 시간 동안 평균적으로 3번에 나눠 영양을 섭취하며 일상생활을 영위하고 있다.

먹는 이유 2: 허한 마음

단순히 먹는 행위를 살기 위한 에너지를 얻는 행동이라 보기에는 예외가 아주 많다. 우리는 스트레스 받을 때, 화가 날 때 먹기도 한다. 지루할 때나 기분 전환하고 싶을 때, 딱히 할 일이 없을 때 먹기도 한다. 이러한 정서적 배고픔(Emotional hunger)은 마음의 평안이나 위로를 얻고자 할 때 유발된다. 초콜릿이 '당기거나' 당이 '당길 때' 우리는 배고픈 것일까, 마음이 허한 것일까?

실제로 배가 고플 때(Physical hunger) 즉, 우리 몸이 영양분을 필요로 할 때는 '배고픔 호르몬'이라 불리는 렙틴(Leptin)과 그렐린(Ghrelin)의 레벨이 높아져서 음식물 섭취를 유도한다고 알려져 있다. 하지만 물리적 배고픔 이외에 음식을 찾게 되는 여러 이유가 있다. 그중 대표적인 것이 부정적인 감정이다.

스트레스나 불안 등의 부정적인 감정을 잠재우려고 먹었던 경험은 누구나 있을 것이다. 먹는다는 행위는 그 자체로 기쁨을 주고, 음식을 통한 쾌락은 스트레스를 날리고 잠시나마 행복감을 선사하기에 (Blumenthal & Gold, 2010) 마음이 힘들 때 우리는 음식이라는 위로자를 찾는다.

부정적인 마음 상태일 때 음식을 통해 해결하려는 행동, '정서적 섭식(Emotional eating)'이라 불리는 이 행동은 과연 우리 마음을 성공적으로 위로해주고 행복하게 만들어줄까? 이에 대한 해답을 얻기 위해 2021년 카카오 같이가치 마음날씨의 '음식과 행복' 테스트를 통해 자료를 수집하고 이를 마음의 안녕지수와 연결해보았다.

정서적인 섭식 행동은 다음과 같은 13개 문항을 통해 측정됐다[출처: 식이행동질문지(Dutch Eating Behavior Questionnaire, DEBQ; van Strien 등, 1986)]. 본 설문은 1~5점 척도로 1점(전혀 그렇지 않다)부터 5점(매우 그렇다)까지 각 문항에 대해 평소 행동과 기분에 얼마만큼 일치하는지 응답자가 자가 보고하는 형태로 구성돼 있다. 총 13개 문항의 섭식 행동 문항을 평균 낸 값으로 '정서적 섭식' 행동을 측정했다. 정서적 섭식 행동 평균 점수가 높을수록 물리적 배고픔보다는 정서적 배고픔에 의해 먹는 행동이 많다고 보고하는 경우다.

먹는다는 행위는 그 자체로 기쁨을 주고, 음식을 통한 쾌락은 스트레스를 날리고 잠시나마 행복감을 선사하기에 마음이 힘들 때 우리는 음식이라는 위로자를 찾는다.

'정서적 섭식 행동' 문항(DEBAQ)
☐ 초조할 때 뭔가 먹고 싶어진다
☐ 심심할 때 무언가 먹고 싶은 기분이 든다
☐ 우울해지면, 맛있는 음식으로 기분을 풀고 싶다
☐ 혼자라서 외로울 때, 좋아하는 음식을 찾곤 한다
☐ 무시를 당한 것 같을 때, 맛있는 음식으로 기분을 푼다
☐ 기분이 좋지 않을 때, 좋아하는 음식을 찾곤 한다
☐ 불쾌한 일이 생길 것 같을 때, 무언가 먹고 싶다
☐ 불안하거나 긴장되면, 식욕이 더 오르는 느낌이다
☐ 뜻대로 일이 안 될 때, 뭔가 먹고 싶어진다
☐ 크게 놀랄 만한 일이 생겼을 때, 갑자기 배가 고파진다
☐ 실망스러운 일이 생겼을 때, 음식으로 기분을 풀고 싶다
☐ 기분이 상할 때면, 식욕이 더 오르는 것 같다
☐ 지루할 땐 자연스럽게 무언가 먹고 싶어진다

정서적 섭식의 나이와 성별 효과

정서적 섭식 설문과 안녕지수를 응답해준 사람들은 3만 4,294명으로 남자 응답자 수는 5,138명, 여자 응답자 수는 2만 9,156명이었다.

10대에서 60대 이상에 이르기까지 정서적 섭식 행동은 남성보다 여성이 높게 보고했다(그래프14). 남성은 10대가 가장 높은 수준(평균 2.69)이고 점차 감소해 60대 이상에서 가장 낮은 수준(평균 2.07)의 정서적 섭식 행동을 보고했다. 두 연령 집단은 0.6점의 차이를 보였다.

반면 여성의 경우 정서적 섭식을 가장 많이 보고하는 집단은 20대였으며, 평균 2.91로 전 집단을 통틀어 점수가 가장 높았다. 여성도 20대 이후로 점차 정서적 섭식의 정도는 낮아져서 60대 이상은 평균 2.2점으로 점수가 가장 낮았다.

이와 같은 결과는 거식·폭식 같은 섭식 장애가 남성보다 여성에게서 발병률이 훨씬 높다는 기존 연구 사실(Galmiche 등, 2019)과 연결지어 생각할 수 있다. 특히 한국뿐 아니라 전 세계적으로 10대, 20대 여성들은 그 또래 남성 집단에 비해 거식이나 폭식 등의 섭식 장애를 많이 경험한다고 한다.

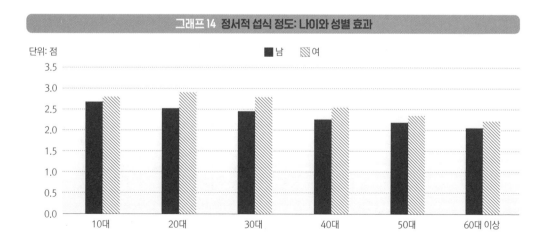

그래프 14 정서적 섭식 정도: 나이와 성별 효과

스트레스나 우울, 불안 등의 심리적 요소에서 섭식 장애의 원인을 찾을 수 있지만, 무엇보다 '날씬함'에 대한 자의적 · 타의적 압박감과 '마른 몸'에 대한 집착이 비만, 체중 증가에 대한 스트레스로 작용하는 것 또한 하나의 원인으로 추정된다. 무리한 다이어트나 식욕 억제의 행동은 아이러니하게도 음식에 대한 욕구를 증가시켜서 이상 섭식 행동으로 표출되기도 하기 때문이다.

실제 한국 여성들이 다이어트약, 식욕억제제를 섭취하는 비율은 꾸준히 증가하고 있는데 전체 사용자 133만 명 중 91%를 차지하는 119만 명은 여성, 특히 젊은 층의 여성이라는 사실 또한 이 연령대 여성의 이상 섭식 행동을 뒷받침해준다(식품의약품안전처, 2021).

행복과 정서적 섭식
2021년 카카오 같이가치 마음날씨를 통해 응답한 결과에 따르면, 10대 남성을 제외한 모든 응답자는 안녕지수, 즉 긍정적인 정서(행복, 즐거움, 평안함)를 많이 느끼고 부정적인 정서(지루함, 우울, 짜증, 불안)를 덜 느낄수록 정서적인 섭식을 적게 한다고 보고했다(그래프 15). 특히 30대 남성과 40대 여성에게서 안녕지수와 정서적 섭식 간의 관계가 가장 강했다.

그렇다면 긍정정서와 부정정서 중 정서적 섭식과 더 강한 관련성을 보이는 정서는 무엇일까? 긍정적인 감정(행복감, 즐거운 감정, 평안한 감정)과 정서적 섭식과의 관계는 부정적 감정에 비해 미약한 것으로 나타났다.

무리한 다이어트나 식욕 억제의 행동은 아이러니하게도 음식에 대한 욕구를 증가시켜서 이상 섭식 행동으로 표출되기도 하기 때문이다.

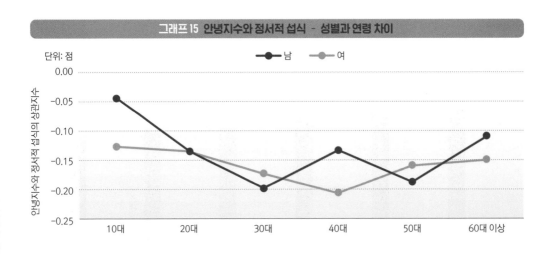

그래프 15 안녕지수와 정서적 섭식 - 성별과 연령 차이

남성의 경우 10대에는 긍정적 정서가 높을수록 정서적 섭식이 늘어나는 패턴을 보였고 30대에는 이 둘의 관계가 정반대의 패턴, 나머지 연령대에는 정서적 섭식과 긍정적 정서가 아무런 관계를 보이지 않았다. 여성의 경우 10대와 60대를 제외한 나머지 연령대에서 긍정적 정서를 높게 보고할수록 정서적 섭식 행동은 적게 한다고 보고했지만, 그 정도는 크지 않았다(그래프 16).

긍정적 정서와는 달리 남녀 모두 부정적 정서와 정서적 섭식과 강한 상관관계를 보였다. 남녀 모두 부정적 감정(지루함, 우울, 짜증, 불안을 모두 합친 평균값)과 정서적 섭식 간의 뚜렷한 관계는 모든 연령대에서 나타났다. 특히 40대 여성과 50대 남성에서 이 둘의 상관관계가 더욱 뚜렷했으며 10대와 60대 남성에서는 가장 약했다.

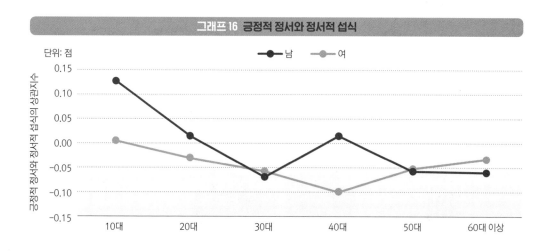

그래프 16 긍정적 정서와 정서적 섭식

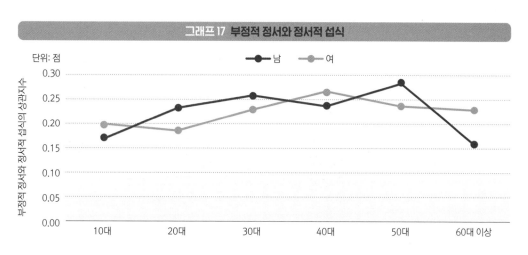

그래프 17 부정적 정서와 정서적 섭식

이러한 부정적 감정과 정서적 섭식 간의 강력한 관계를 발견한 후 우리는 부정적 감정 중 정서적 섭식을 가장 증가시키는 감정이 무엇일까 궁금해졌다. 그 해답을 찾기 위해 부정적 감정을 분리해 각 감정과 정서적 섭식과 관련성을 개별적으로 살펴보았다.

우울할 때 먹는 남성 vs. 불안할 때 먹는 여성

부정적인 감정, 즉 지루함, 짜증, 우울, 불안, 그리고 스트레스와 정서적 섭식 사이의 관계를 살펴본 결과 뚜렷한 남녀 차이를 발견할 수 있었다.

남성의 경우 부정적 감정 중 우울함과 정서적 섭식 간의 관계가 가장 뚜렷했다. 즉 남성은 자신의 우울함을 먹는 행동으로 타파하려는 행동 양상을 보인다고 할 수 있다. 반면 여성은 불안함과 정서적 섭식 간의 관계가 가장 뚜렷했다. 즉 여성들은 불안할 때 그것을 잠재우려고 먹는 행동을 한다.

과연 사람들은
우울함과 불안을
잠재우기 위해
스트레스 완화에
도움이 되는 건강한
음식을 찾았을까.

과연 이러한 정서적 섭식이 우울과 불안함을 잠재우는 데 일조할 수 있을까? 본 조사에는 섭식 행동의 양상만 측정했으며, 각 섭식 행동 속 음식 종류를 측정하지 않았다는 한계점이 있다. 그렇기 때문에 부정적인 정서가 있을 때 어떤 음식을 먹으며 섭식 행동을 증가시키는지에 대한 예측은 힘들다.

우울함과 불안감을 잠재운다고 알려진 음식들이 있다. 바나나·호두·연어 등 행복이라는 감정을 느끼는 데 관련이 있는 신경전달물질(예를 들어 세로토닌)을 생성한다고 알려진 음식이 그것들이다. 과연 사람들은 우울함과 불안을 잠재우기 위해 이렇게 스트레스 완화에 도움이 되는 건강한 음식을 찾았을까.

직접적 측정은 불가능했지만, 이에 대한 예측은 가능하다. 일반적으로 부정적 정서가 존재할 때 고지방, 고칼로리, 고당도 음식을 찾는다는 기존 연구 결과가 있다(Elfhag & Rössner, 2005).

또한 감정에 따라 음식을 먹는 정서적 섭식은 섭식 장애로 발전하기 쉬우며, 과체중의 경우 60% 정도가 정서적 섭식자인 것을 고려해볼 때 부정적 정서와 연관된 정서적 섭식 속의 음식들이 과연 우리 몸을 챙기는 음식이었을까에 대한 대답은 회의적이라 할 수 있다.

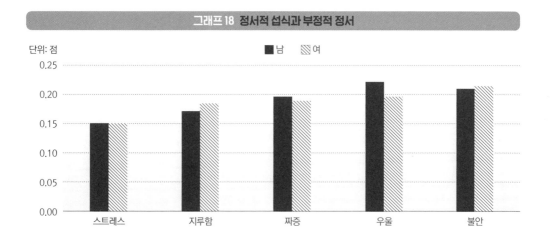

그래프 18 정서적 섭식과 부정적 정서

딱히 배고픔과 상관없이 내 기분, 특히 부정적인 기분에 따라 먹는 것, 불안이나 우울을 잠재우기 위해 먹는 행동은 지난 한 해 한국인 남녀 모든 연령대에 발생했던 일임은 2021년 카카오의 같이가치 마음날씨 조사에서 확인됐다.

먹는다는 것은 단순한 배고픔을 해결하는 것을 넘어선 인간 활동이며, 하루에 3번 이상 반복하는 행동이므로 그 순간 마주하는 여러 감정에 의해 영향받을 확률도 높다.

맛있는 음식은 스트레스를 순간 잊게 하고 짧지만 굵은 쾌락을 선사한다. 특히 앱을 통한 음식 주문은 의사 결정과 음식을 획득하는 시간 사이의 시간 차를 줄혀주고, 그 쾌락의 시간을 앞당겨준다. 우리는 코로나 시대에 그 혜택을 톡톡히 받고 있다.

그러나 분노·두려움·불안 같은 부정적인 감정을 느낄 때 해결 방편 중 하나로 음식을 먹는 행동이 지나치면 때로는 마음의 위로를 넘어서 음식에 대한 집착과 중독, 나아가 비만과 그에 따른 각종 성인병 발병에 일조할 수 있다는 위험도 도사리고 있다는 것을 명심해야 하겠다.

먹는다는 것은 단순한 배고픔을 해결하는 것을 넘어선 인간 활동이며, 하루에 3번 이상 반복하는 행동이므로 그 순간 마주하는 여러 감정에 의해 영향받을 확률도 높다.

코로나로 인해 거리두기와 사적인 모임이 제한됐던 2021년 음식 먹기는 친구와의 벼르고 별렀던 약속의 순간이었을 수도, 되풀이되는 혼밥의 순간이었을 수도 있다. 하지만 이 모든 순간을 맞이하는 우리의 감정들이 들어 있었다.

전 세계 인사 중 한국어 인사말에는 '밥'이 자주 등장한다고 한다. "밥은 먹고 다니니?", "언제 밥 한번 먹자" 등의 끼니를 챙기는 인사말로 서로의 안부를 확인하는, 어찌 보면 밥에 집착하는 한국인에게 마음의 안녕함이 함께한다면 긍정적인 의미의 '정서적' 음식 먹기가 가능하지 않을까 싶다.

정서적 섭식(Emotional eating)이 마인드풀 이팅(Mindful eating)으로 가는 여정에는 우리의 마음을 제대로 이해하며 마음의 안녕지수를 높이는 행동이 맛있는 가이드 역할을 하지 않을까.

코로나 백신 접종 초기부터 지금까지 백신 접종을 둘러싼 논란은 계속되고 있다. 접종 초기에는 언뜻 백신 접종을 꺼리는 여론이 우세한 것으로 보였으나, 막상 잔여백신 접종[1]을 시작하자 사람들은 방법을 가리지 않고 잔여백신을 잡으려고 애썼다. 그 탓에 잔여백신이 생겼다는 알람을 받고 최대한 빠르게 접속해서 신청하더라도 예약에 실패하기 일쑤였다.

다들 왜 이렇게 잔여백신을 접종하고 싶어 했을까?

사람들은 제각기 다른 이유로 잔여백신을 접종하고 싶어 했다. '백신을 빨리 맞고 감염 불안에서 벗어나고 싶어서', '주변 사람들이 다들 빨리 맞기 때문에', '얼른 맞고 좀 자유롭게 놀러 다니고 싶어서', '남들보다 빨리 맞아야 마음이 편해서' 등 다양한 이유로 사람들은 잔여백신 예약에 열을 올렸다.

사람들 마음속 나름의 이유 즉, 심리적 원인이 있었다. 그렇다면 이러한 이유의 차이는 어디에서 기인하는 것일까? 그리고 그들은 정말로 백신을 빠르게 맞았을까?

코로나 잔여백신은 왜 순식간에 동났을까?

조절 초점 이론으로 알아본 잔여백신 신청 이유

조절 초점 이론: 향상 초점과 예방 초점

사회심리학에서 이를 설명하기 위해 제시할 수 있는 이론 중 하나는 바로 조절 초점 이론(Regulatory Focus Theory)이다(Higgins, 1997, 1998). 우리는 내키는 대로 행동하기보다는 내 모습과 상태를 점검하고 조절하며 행동한다. 그렇다면 무슨 기준으로 조절하는가.

조절 초점 이론에서는 모든 사람이 2종류의 초점을 가지고 이를 조절한다고 가정한다. 이 이론에 따르면, 향상 초점(Promotion focus)과 예방 초점(Prevention focus)이라는 2종류의 초점에 따라 사람들은 생각하고 행동을 결정한다.

일반적으로 사람들은 둘 중 하나의 초점을 주로 사용하는 경향성을 보인다. 이때 주로 사용하는 초점에 따라서 스스로의 행동을 조절하는 것(자기 조절Self-regulation)이 달라진다. 각 초점은 서로 지향점이 다르기 때문이다.

---

[1] 예약자가 제시간에 오지 않아 남게 된 백신을 '잔여백신'이라고 부르며, 이를 당일에 예약해 접종하는 경우 '잔여백신 접종'이라 칭했다.

향상 초점의 관점에서
주로 생각한다면
더 나은 나, 더 나은
상태가 되고 싶은
마음에 개인의
소망·희망 등을
이룰 방법을 찾는다.
공부를 잘하고 싶어서
열심히 하는 경우가
대표적이다.

향상 초점은 '이상적 목표(Ideal goals)'를 추구하는 경우를 뜻한다. 향상 초점의 관점에서 주로 생각한다면 더 나은 나, 더 나은 상태가 되고 싶은 마음에 개인의 소망·희망 등을 이룰 방법을 찾게 된다. 공부를 잘하고 싶어서 열심히 하는 경우가 대표적이다.

예방 초점에 비해 향상 초점이 더욱 강한 사람들이라면, 내적 상태가 원하는 바와 밀접한 관련이 있는 것들을 하려고 하므로 "나는 내가 어떻게 해야 내 열망·소망을 이룰 수 있을지 자주 상상해보곤 한다" 등의 문항에 크게 동의하는 양상을 보인다.

특히 코로나 상황에서 이들은 마음껏 사회생활을 하거나 해외여행을 가는 등 코로나가 창궐하기 이전의 생활로 돌아갈 수 있기를 기대하는 경향성이 있다고 한다(Tomaino 등, 2021).

한편, 예방 초점은 '의무적 목표(Ought goals)'를 추구하는 경우를 뜻한다. '해야 마땅한 것'을 함으로써 심리적으로 안전해지고 싶은 마음에 의무를 다할 방법을 찾는 경우가 예방 초점의 관점에서 생각하는 것이라 할 수 있다. 그렇다 보니 예방 초점의 관점에서 주로 생각하게 되는 경우, 보수적인 가치를 추구하며 순응성을 중요한 가치라고 인식하는 경향성이 있다.

향상 초점에 비해 예방 초점이 강한 사람이라면, "나는 내가 내 책임이나 의무를 다하지 못할까 봐 두렵다" 등의 문항에 강하게 동의할 가능성이 크다. 예방 초점이 강한 사람들은 암묵적인 사회적 규범이나 주위의 압력 등을 거스르지 않기 위해 행동을 결정하는 편이다. 남들이 공부하니까 나도 일단 공부를 하는 경우가 대표적이다.

그렇다면 이들은 코로나 상황에서는 어떤 경향성을 보일까? 앞서 말했듯 예방 초점이 강한 사람들은 남들보다 주변 분위기를 잘 따를 가능성이 크기에, 마스크 착용을 의무화하기 전부터 주변에서 마스크를 많이 쓰는 것을 의식해 마스크 착용을 열심히 했을 수 있다.

향상 초점과 예방 초점의 지향점이 서로 다르기에, 언뜻 보면 두 초점이 서로 다른 행동을 유발할 것 같기도 하다. 그러나 향상 초점과 예방 초점을 논하는 조절 초점 이론이 다루는 것은 '태도'다. 따라서 반드시 서로 다른 '행동'으로 이어지는 것은 아니다.

학창 시절 자주 겪는 상황 중 하나인 '손을 들어 발표해야 하는 상황'을 예시로 생각해보자.

향상 초점이 강하다면 '내가 자신 있게 대답할 수 있는 주제이고, 내가 말하고 싶어서' 손을 들 가능성이 크다. 그렇지만 예방 초점이 강하다면 '40명 중에 서너 명만 손을 들었기 때문에' 나는 굳이 손을 들지 않을 수도 있고, '(참관수업 등의 상황이라) 40명 중에 30여 명이나 손을 들었기 때문에' 나도 일단 손을 들 수도 있다.

예방 초점이 강한 사람들은 암묵적인 사회적 규범이나 주위의 압력 등을 거스르지 않기 위해 행동을 결정하는 편이다. 남들이 공부하니까 나도 일단 공부를 하는 경우가 대표적이다.

그림 2 조절 초점 이론: 향상 초점과 예방 초점의 특징

향상 초점

❶ 이상적 목표 추구: 성취적이고 도전적

❷ 긍정적인 결과 및 이익에 민감한 진취적인 성향

❸ 목표의 최대치에 초점을 두고 달성을 선호

"나는 종종 어떻게 내가 나의
희망과 열망을 성취할지 상상한다."

예방 초점

❶ 의무적 목표 추구: 안정적

❷ 위험 및 손실을 회피하고자 하는 성향

❸ 현상유지를 선호

"나는 내 책임과 의무를
다하지 못할 것을 염려한다."

이처럼 서로 다른 지향을 가진다는 것만으로는 행동이 같을지 다를지 확신하기 어렵다. 즉, 서로 다른 이유로 같은 행동을 할 수도 있다.

걸보기엔 같지만, 속내는 전혀 다른 잔여백신 예약 시도
다시 처음 질문으로 돌아가 보자. 그래서 어떤 성향이 강했던 사람들이 무슨 이유로 백신을 하루라도 더 빨리 맞고 싶어 했을까? 향상 초점이 강한 경우와 예방 초점이 강한 경우는 백신 접종을 대하는 태도가 서로 달랐을 것이다. 그러니 빨리 맞고 싶은 이유도 달랐을 것이다.

향상 초점이 강한 경우에는 이상적 목표를 기준 삼아 생각하기에 '(백신을 빨리 맞고) 학교/직장에서 사람들하고 자유롭게 만나고 싶다', '사회적 거리두기를 그만하고 싶다', '혜택(휴가, 매출 증대, 대면 수업 등)을 좀 누리고 싶다' 등의 이유가 가장 강했을 수 있다.

한편, 예방 초점이 비교적 강한 경우에는 의무적 목표를 늘 염두에 두기 때문에, 앞서 나열한 이유보다는 '전반적으로 다들 백신을 빨리 접종하려는 분위기니까…(백신 빨리 맞아야지)', '아무래도 우리 사회에서는 백신 안 맞으면 심리적 압박이 있으니까', '주변 사람들이 나보고 백신 맞으라던데' 등의 이유가 더 강했을 것이다.

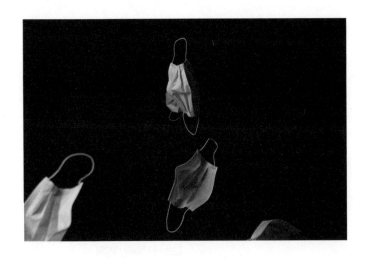

즉, 똑같이 백신을 빨리 맞으려는 사람들은 각자 이유가 달랐겠지만, 그럼에도 불구하고 개인이 어떤 심리적 성향을 더 강하게 가졌는가에 따라 그 이유의 종류가 뚜렷하게 구분됐을 가능성이 크다.

향상 초점이 강한 사람들은 '더 좋은 상태가 되고 싶어서', 예방 초점이 강한 사람들은 '해야만 하니까' 했을 것이다. 이들은 각자의 이유가 강해서, 실제로 일반백신보다는 잔여백신을 맞을 확률이 높고, 접종 일자도 실제로 빠를 것이다.

이런 추측, 다시 말해 '가설'을 어떻게 확인해볼 수 있을까? 연구진은 사람들의 성향, 잔여백신을 맞으려는 이유, 잔여백신 시도 횟수, 잔여백신 접종 여부 및 일반백신 접종 여부, 백신 접종 일자 등을 두 시점에 걸쳐 수집한 후 통계적으로 이를 검증해보았다.

그림3 같은 통계적 모형을 심리통계학에서는 경로 모형(Path Model)이라고 부른다.

경로 모형으로 가설을 검증해본 결과, 향상 초점 경향이 더 강한 사람들은 이상적 목표를 달성하려는 이유로(경로 B), 예방 초점 경향이 더 강한 사람들은 의무적 목표를 달성하려는 이유로(경로 A), 잔여백신을 맞으려는 강한 의도를 통해 실제로 잔여백신을 맞으려는 시도를 많이 함으로써(경로 C) 잔여백신을 접종했다(경로 D). 그 일자가 일반백신 접종자들보다 12.6일이나 일렀다.

똑같이 백신을 빨리 맞으려는 사람들은 각자 이유가 달랐겠지만, 그럼에도 불구하고 개인이 어떤 심리적 성향을 더 강하게 가졌는가에 따라 그 이유의 종류가 뚜렷하게 구분됐을 가능성이 크다.

그림 3 경로 모형*

① 주변 사람들이 내게 코로나 잔여백신 접종을 권한다

② 전반적으로 우리 사회에 코로나 백신을 하루라도 빨리 접종해야 하는 분위기가 형성되어 있다

③ 전반적으로 우리 사회에 코로나 백신을 접종하지 않은 사람들에 대한 심리적 압박이 존재한다

예방 초점 —A→ 의무적 이유

향상 초점 —B→ 이상적 이유

접종 의도 —C→ 시도 횟수 —D→ 접종 종류

"잔여백신을 맞으려고 신청해본 적이 있습니까?"

"잔여백신을 신청해 빠르게 코로나 백신을 접종할 의향이 있습니까?"

"귀하의 접종 백신 종류는 무엇입니까?"

① 학교/직장에서 사람들하고 자유롭게 만나고 싶다

② 여러 혜택(휴가, 매출 증대, 대면 수업 등)을 누리고 싶다

③ 사회적 거리두기에서 자유로워지고 싶다

* 지인/가족/본인 확진 및 격리 경험 여부, 연령, 성별, 주관적 사회경제적 지위, 정치적 성향 등 5가지 변수의 영향력을 통제한 모델.

이 모형을 보며 '나는 그냥 지금 정부를 지지해서 일단 백신을 맞았던 건데' 혹은 '지금 정부가 마음에 들지 않아서 백신도 신뢰할 수 없었던 건데'라는 생각을 할 수도 있다.

이와 같은 정치적 성향을 비롯해 백신을 빠르게 맞겠다는 결정에 영향을 미칠 수 있는 다른 요인들 역시 이 모형에서 고려했다. 성별, 연령, 코로나와 관련된 격리/확진 경험(주변인 포함), 주관적 사회경제적 지위[2], 마지막으로 정치적 성향[3]까지 그 모든 영향력을 감안하고도 조절 초점은 여전히 유의하게 잔여백신 접종을 예측했다. 다만 경로 A의 효과는 경로 B에 비해 약한 수준이었다.

설문은 6월 중순과 10월 초에 두 차례 이뤄졌다. 6월 중순은 잔여백신 제도를 시행한 지 약 1~2주일 지났을 때였으며, 10월 초는 18세 이상 청장년층의 일반백신 접종 예약을 시작한 때였다.

---

2 재력·학벌·직업 등을 전반적으로 고려했을 때 본인이 한국 사회에서 어느 정도 계층에 속한다고 느끼는지 0에서 10(숫자가 커질수록 상위 계층) 사이의 숫자로 응답.

3 귀하께서는 자신의 정치 성향이 어디에 위치한다고 생각하십니까?(1=매우 진보, 4=중도, 7=매우 보수)

첫 시점에는 조절 초점 성향, 잔여백신을 맞고 싶은 이유, 잔여백신을 맞을 의도를 조사했다. 석 달 반 후에는 잔여백신 신청 시도를 그동안 얼마나 했는지, 백신 접종은 했는지, 했다면 잔여백신으로 맞았는지, 일반백신으로 맞았는지를 물었다.

따라서 결과를 좀 더 상세히 해석하자면, 6월 중순에 잔여백신 제도를 접한 향상 및 예방 초점 중 한쪽이 좀 더 강했던 사람들은 서로 다른 이유로 서둘러 백신을 맞고자 했다.

그 의도는 효과가 아주 강해서, 잔여백신을 맞고 싶어 하던 사람들은 실제로 석 달 반 동안 잔여백신 예약을 더 많이 시도했다. 더 많이 시도한 사람들은 석 달 반 후인 10월 초에 이미 잔여백신을 접종한 상태였다. 일반백신으로 맞은 사람들과 직접적으로 백신 접종 일자를 비교해보더라도 더 이르게 접종을 완료했다. 다만 이때 전반적으로 예방 초점의 영향력(경로 A)은 약한 수준이었다.

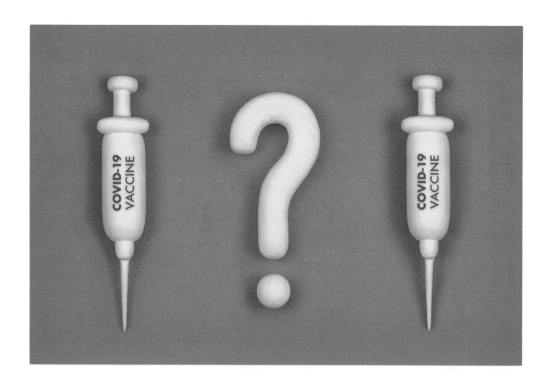

잔여백신을 통해
백신을 빨리 접종하고
싶었던 사람들은 크게
두 부류로 나눠볼
수 있다. 향상 초점
경향이 강한 사람들과
예방 초점 경향이
강한 사람들이다.

서로 다른 이유지만 결국 빠르게 백신을 맞은 사람들

잔여백신을 통해 백신을 빨리 접종하고 싶었던 사람들은 크게 두 부류로 나눠볼 수 있다. 향상 초점 경향이 강한 사람들과 예방 초점 경향이 강한 사람들이다. 이들은 서로 다른 이유(혜택을 위해/분위기 때문에)로 백신을 빨리 맞고자 했고, 실제로 성공했다. 우리가 막연히 으레 그럴 것이라고 생각하던 바가 심리학적으로 검증된 것이다.

그렇다면 이와 같은 연구 결과가 시사하는 바는 무엇일까?

우선 조절 초점 유형에 따라서 서로 다른 이유로 같은 행동을 했다는 것을 현실 상황에서 확인해볼 수 있었다. 단순히 동일 시점 혹은 짧은 시점 동안을 살펴본 것이 아니라, 백신 접종과 관련해 많은 일이 일어난 석 달 반 동안의 의도와 행동 모두를 이 조절 초점 성향이 예측할 수 있었다는 점이 주목할 만하다.

다시 말해 조절 초점 성향에 따라 백신을 빨리 맞을지를 마음속으로 결정하고 나면, 석 달 반 동안 마주쳤을 수많은 백신 관련 뉴스나 백신 관련 정책의 변화와 상관없이 행동으로 옮겼다.

또 하나 그림3 의 경로 A보다 경로 B의 힘이 강했다는 점이 주목할 만하다. 의무적 목표보다는 이상적 목표가 사람들을 더 강하게 움직였다. 실제로 많은 연구는 백신 접종 같은 건강 행동의 영역에서는 사람들이 느끼는 압박감이나 의무감보다 긍정적 태도가 더 중요하다는 결과를 보고하고 있다(Albarracin 등, 2002; Cooke & French, 2008).

코로나 전염병 상황에서도 이는 마찬가지였다. '사회적 압박감과 백신을 맞아서 얻게 될 긍정적인 결과들에 집중하는 것, 둘 중 누가 더 효과적으로 잔여백신 맞을 마음을 생기게 했는가?'라고 묻는다면, 본 연구 결과 또한 후자라고 답할 것이다.

그러나 앞서 언급한 '연구들'은 주로 개인주의 문화권(Individualistic Culture)의 결과들이며, 본 연구 결과처럼 의무감이 유의미하다고 말하지는 않고 있다. 집합주의 문화권(Collectivistic Culture)에서는 긍정적 태도보다는 약할지라도 의무감 또한 제 역할을 한다고 보고한다(Lee & Green, 1991; Bagozzi 등, 2000; Hagger 등, 2007).

집합주의 문화란 개인주의 문화와 대비되는 개념으로, 한국과 같이 각 개인의 욕구나 필요보다 집단 전체의 목표와 요구를 중요하게 생각하는 문화를 지칭한다.

본 연구 결과에서 경로 A가 미약하게나마 유의했던 것, 즉 의무감 역시도 사람들을 어느 정도 움직일 수 있었던 것은 집합주의 문화의 영향일 가능성이 크다. 이는 개인주의 문화권에서는 다른 연구 결과가 보고될 수 있음을 시사한다.

백신을 맞으세요! 왜냐하면…

어느덧 백신 접종률이 82%를 넘어선 지금(2022년 1월 5일 시점), 정부에서는 방역 패스를 의무화해 사람들의 백신 접종을 장려하고 있다. 방역 패스를 의무화하기 전에도 정부는 사회적 거리두기 단계에 따른 기준을 차등 적용함으로써 백신 접종을 장려했다. 예를 들어 백신 접종 완료자들에게는 완화된 사적 모임 인원 기준을 적용하는 등의 혜택이 있어왔다.

뿐만 아니라 백신 접종률을 다른 국가들과 비교하거나, 우리나라의 높은 백신 접종률을 꾸준히 보고함으로써(예: 50% 돌파, 70% 돌파 등) '다들 백신을 접종한다'라는 사회적 분위기를 조성해왔다. 본 연구 결과에서 논한 2가지 이유인 혜택과 의무 모두를 충분히 활용한 덕분에 높은 백신 접종률을 달성할 수 있었던 것으로 보인다.

부스터 샷(3차 접종)의 필요성 또한 세계적으로 중요하게 논의되고 있는 이 시점에서, 30%에 불과한 부스터 샷 접종률은 어떻게 빠르게 증가시킬 수 있을까?

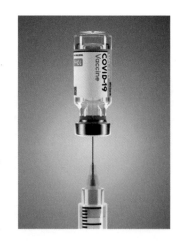

본 연구 결과에 따르면, 백신 접종의 맥락에서 향상 초점인 사람들에게는 혜택을 준다고 얘기하는 것이, 예방 초점인 사람들에게는 의무감을 얘기하는 것이 설득에 효과적이다.

그리고 혜택과 의무감의 효과를 군이 비교하자면, 물론 개인의 조절 초점 성향에 따라 다르겠지만 혜택 쪽이 좀 더 효과적으로 '빨리 맞고 싶다'라는 마음이 들게 할 것이다.

따라서 혜택에 초점을 두고 부스터 샷 접종을 장려하는 것을 주요

백신 접종의 맥락에서
향상 초점인
사람들에게는 혜택을
준다고 얘기하는
것이, 예방 초점인
사람들에게는
의무감을 얘기하는
것이 설득에
효과적이다.

정책(예: 부스터 샷 접종 시 9시 이후에도 시설 이용 가능 등)으로, 자연스럽게 '백신을 맞아야 하는 분위기'를 조성하는 것(예: 공익광고 캠페인 메시지에 '주변에서 당신의 접종을 기대한다'라는 뉘앙스를 담는 등)을 부수적인 정책으로 활용한다면 그 효과를 기대해볼 수 있을 것이다.

코로나 전염병 창궐이라는 전례도 기약도 없는 상황에서 그 어느 때보다 사람들의 행동과 그 이유가 중요해졌다. 의료계가 막중한 임무를 다하고 있지만, 일반 대중의 행동 여하에 따라 그들의 임무가 가중될 수도 혹은 경감될 수도 있는 상황이기 때문이다.

본 연구의 함의처럼 사람들의 건강 행동을 효과적으로 장려하는 방법을 찾는 데 도움이 될 심리-행동 메커니즘에 관한 연구들을 앞으로 지속해 우리가 함께 지혜롭게 현 상황을 헤쳐 나갈 수 있기를 바란다.

코로나 팬데믹으로 많은 사람이 목숨을 잃었고, 살아남은 사람들의 일상은 송두리째 바뀌었다. 금세기에 마주한 가장 어두운 시간 속에서 개개인이 현명하게 대처해야 할 필요가 있지만, 공동체를 이끄는 리더 위치에 있는 모든 사람 또한 각자의 포지션에서 현명한 리더십을 발휘할 필요가 있다.

국내 첫 코로나 환자가 발생한 2020년 1월 20일 이후 코로나 감염병은 그동안 네 차례의 대유행을 몰고 왔다. 최근에는 델타 변이보다 전파력이 무려 3배나 강한 오미크론 변이 출연으로 사실상 5차 대유행이 시작됐고, 2022년 2월 28일 00시를 기준으로 현재까지 313만 4,456명이 코로나에 감염, 8,058명이 목숨을 잃었다(질병관리청, 2022).

코로나 팬데믹이 몰고 온 충격 속에서 많은 사람이 심리적 불안과 공포를 경험하고 있다. 언제쯤 팬데믹이 종료되는지조차 가늠하기 어려운 채 감염으로 인해 내 삶을 잃어버릴 수 있다는 두려움, 가족 및 주변의 소중한 사람들을 못 보게 될지도 모른다는 두려움 속에서 힘겨운 시간을 견디고 있다.

전례 없는 위기와 혼란으로 불안정한 사회적 상황은 그 자체로 우리의 실존을 뒤흔드는 위협이 될 수 있다. 이러한 위협 상황에서 느끼는 불안에 대처하기 위해 사람들은 다양한 심리적 방어 전략을 세워왔다.

**코로나가
강화시킨
리더십의 가치**

코로나 감염 불안과
리더십 선호도의 관계

코로나라는
전대미문의 감염병이
우리 삶으로 들어온
지 벌써 2년이라는
시간이 흘렀지만,
여전히 우리의 삶은
예전의 일상을
회복하지 못하고 있다.

불안에 대처하는 심리적 방어 전략

언젠가 내가 죽는다는 사실에 직면하는 것은 그 자체로 내 실존을
위협하는 상황이다. 연구에 의하면 죽음을 인식하거나, 언젠가 자신
도 죽게 된다는 (이미 알고 있으나 평소 거의 생각하지 않는) 사실을 자각
하게 되면, 삶에 대한 본능적인 욕망이 사람들에게 공포와 불안을
일으킨다(Greenberg 등, 1990).

이때 느끼는 불안에 대처하기 위해 나타나는 한 가지 심리적 반응
은 자신이 기존에 믿고 의지하던 가치관 혹은 세계관을 더욱 고수
하려는 경향이다. 내 실존은 죽음을 통해 사라지지만 내 세계관을
남김으로써 삶의 실존적 위협에 방어하는 것이다.

실제로 2014년 에볼라 바이러스 직후에 시행한 연구 결과에 의하
면, 에볼라 바이러스가 창궐하기 이전에 비해 자신의 신념을 확고히
하고, 자신의 세계관과 대치되는 지식이나 정보는 받아들이지 않는
방어적인 태도를 보였다(Arrowood 등, 2017).

전쟁, 자연재해, 전염병 유행, 경제적 대공황 등 삶의 터전으로 삼고
있는 사회가 혼란스러운 상황에 놓인 것 역시 우리를 불안하게 할
수 있다.

이러한 사회적 위협 상황에서 느끼는 심리적 불안에 대처하기 위

전쟁, 자연재해, 전염병 유행, 경제적 대공황 등 사회적 혼란에서 비롯되는 불안감은 세상에 대한 우리의 인식과 태도를 바꿔놓을 수 있다.

한 또 다른 심리적 반응은 변화나 개혁 같은 진보적 가치보다 전통 유지와 안정 같은 보수적 가치를 더 중요하게 여기는 경향이다 (Rosenfeld & Tomiyama, 2021). 여기서 말하는 보수적인 혹은 진보적인 가치는 흔히 우리가 생각하는 정치적 진보-보수와는 관계없는 의미임을 미리 밝혀둔다.

사회의 불안정 수준이 높은 상황에서는 제아무리 세상을 발전시킬 수 있는 획기적이고 창의적인 아이디어일지라도 사람들의 이목을 끌지 못할 수 있다. 새롭고 과감한 시도는 나중으로 미루고 일단 지금은 사회의 안정을 되찾고 질서를 재건하는 일에 힘쓰는 것이 더 중요하다고 생각하기 때문이다.

리더십에 대한 기대 역시 심리적 불안 수준에 따라 그 내용이 달라질 수 있다. 탄탄하게 성장 가도를 걷고 있던 회사가 갑자기 망할 위기에 놓였다. 안정적이라고 믿었던 내 일자리가 내일 당장 어떻게 될지 모르며, 사실 확인이 되지 않은 채 불안감을 조성하는 이야기들이 사내에서 계속 흘러나온다.

이러한 상황에서 회사 지도자에게 기대하는 리더십은 회사가 안정적일 때 기대하던 그것과는 똑같을 수 없을 것이다. 특히 불안정한 상황에서 사람들은 명확한 질서와 체계에 의존하려는 경향이 있기 때문에(Jost 등, 2003) 이러한 욕구를 충족시켜주는 리더십을 선호할 가능성이 크다.

연구에 의하면, 불안정이 높은 상황에서는 강한 리더십을 발휘하는 지도자를 더 선호하는 것으로 알려져 있다(Sprong 등, 2019). 불안함을 안전함으로, 불확실함을 확실함으로 바꿀 수 있는 카리스마 있는 지도자, 우리 사회의 어려움을 해결해 안정을 되찾을 힘과 능력을 갖춘 리더십을 기대하게 되는 것이다.

코로나라는 전례 없는 위기 속에서 모두가 충격과 공포의 시간을 보냈고 이는 여전히 진행 중이다. 전염병 감염으로 인해 내 삶을 잃을지 모른다는 두려움, 소중한 사람들을 못 볼 수도 있다는 불안으로부터 완전히 자유로운 사람은 아무도 없을 것이다.

이러한 상황에서 우리는 전염병 감염에 대한 불안이 리더십에 대한 기대에도 영향을 끼쳤을지 알아보고자 한다. 특히 강력한 리더십을 발휘하는 지도자가 필요하다는 인식이 팬데믹 전후로 어떻게 달라졌을지 알아보기로 했다.

팬데믹 이전 vs. 팬데믹 이후: 강력한 지도자에 대한 선호도 변화
카카오 같이가치 마음날씨 응답 문항 중 "우리 사회에는 강력한 지도자가 필요하다"에 대한 응답을 살펴보았다. 응답은 1점부터 7점

사이에서 할 수 있다. 위 내용에 대해 전혀 동의하지 않을수록 1에 가까운 점수를, 매우 동의할수록 7에 가까운 점수를 매길 수 있다. 점수가 높을수록 우리 사회에 강력한 지도자가 필요하다는 인식이 높은 것으로 보면 된다.

분석을 위해 국내 코로나 첫 환자가 발생한 2020년 1월 20일 이전은 '팬데믹 이전', 2020년 1월 20일부터 2021년 12월 31일까지를 '팬데믹 이후'로 분류해 강력한 지도자에 대한 선호도가 팬데믹 이전과 비교해서 어떻게 변화했는지 알아보았다. 총 14만 2,765건의 응답치를 분석했으며 전체 응답 건수 중 43.80%(6만 2,528건)는 팬데믹 이전에, 나머지 56.20%(8만 237건)는 팬데믹 이후에 포함됐다.

먼저 강력한 지도자가 필요하다는 인식에서 팬데믹 전후로 차이가 있는지 평균을 살펴보았다. 팬데믹 이후(2020년 1월 20일~2021년 12월 31일) 평균값은 4.50으로, 팬데믹 이전(2019년 1월 1일~2020년 1월 19일) 평균값인 4.12보다 약간 높았으며, 이러한 차이는 통계적으로 유의했다. 미미하지만 팬데믹 이전에 비해 팬데믹 이후 우리 사회에 강력한 리더가 필요하다는 인식이 전반적으로 높아졌다고 볼 수 있다.

7점 만점에 중간값 4점을 기준으로, 5점 이상에 응답한 경우는 정도의 차이는 있지만 강력한 지도자가 필요하다는 인식에 어느 정도

팬데믹 이전에 비해 팬데믹 이후 우리 사회에 강력한 리더가 필요하다는 인식이 전반적으로 높아졌다고 볼 수 있다.

동의하고 있는 것으로 볼 수 있다. 따라서 5점 이상에 해당하는 값
에 응답한 비율이 팬데믹 전후로 어떻게 변화했는지를 구체적으로
살펴보았다. 그 결과, 5점 이상에 해당하는 값에 응답한 비율이 팬
데믹 이전보다 모두 높아진 것을 볼 수 있었다.(그래프 19).

코로나 팬데믹 이전 기간에는 5점 이상에 응답한 비율이 전체 중
41.8%로 절반에 미치지 않았던 반면 팬데믹 이후에는 5점 이상에
응답한 비율이 절반을 넘는 53.07%로 나타났다. 즉 우리 사회에 강
력한 지도자가 필요하다는 인식이 코로나 팬데믹 이후 약 11%가
증가한 것이다.

흔히 이러한 인식은 모든 사람에게 나타나는 것이라기보다 세대별
로 차이가 있을 것으로 예상할 수 있다. 가령 윗사람에 대한 존경,
권위에 대한 존중에 상대적으로 큰 가치를 부여하는 사회적 분위기
에서 자란 세대일수록 강력한 리더십이 필요하다는 인식을 더 많이
공유할 가능성이 있다.

따라서 코로나 팬데믹 전후로 강력한 지도자에 대한 선호도 변화가
유독 두드러지는 연령대가 있는지 살펴보았다. 이를 위해 응답자를
6개의 연령대로 나눠(10대, 20대, 30대, 40대, 50대, 60대 이상) 분석한
결과, 2가지 흥미로운 사실을 발견할 수 있었다(그래프 20).

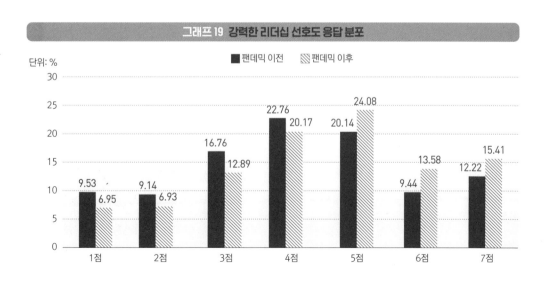

그래프 19 강력한 리더십 선호도 응답 분포

단위: %

■ 팬데믹 이전   ▨ 팬데믹 이후

그래프 20 연령별 강력한 리더십 선호도 변화

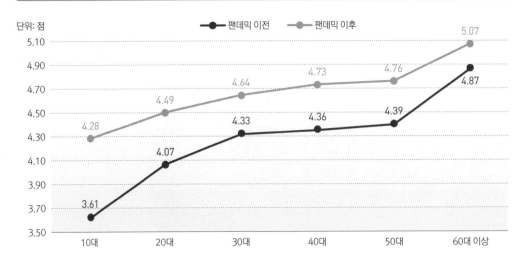

단위: 점
● 팬데믹 이전   ● 팬데믹 이후

첫째, 코로나 팬데믹 이전이든 팬데믹 이후든 연령층이 높을수록 강력한 리더십에 대한 선호도가 높았으며 이러한 연령의 효과는 통계적으로 유의했다. 모든 기간에서 강력한 리더십에 대한 선호도는 10대에서 점수가 가장 낮았고, 이후 연령대가 높아질수록 계속 증가하다가 60대 이상에서 점수가 크게 높아졌다.

둘째, 모든 연령대에서 코로나 팬데믹 이전에 비해 강력한 지도자가 필요하다는 인식이 증가했다는 점이다. 코로나 감염에 대한 공포와 그로 인한 사회적 불안은 전 연령대에 걸쳐 우리 사회에 강력한 리더십을 발휘하는 사람이 필요하다는 인식을 높였다고 볼 수 있다.

추가로 연령대별로 5점 이상에 응답한 비율이 팬데믹 전후로 얼마나 증가했는지를 살펴보았다.

그래프 21 에서 볼 수 있듯이 팬데믹 이전에는 60대 이상의 연령층에서만 과반수가 강력한 지도자의 필요성을 느끼고 있었던 반면, 팬데믹 이후 10대를 제외한 모든 연령층에서 절반 이상이 강력한 지도자가 필요하다는 인식을 갖고 있었다. 10대도 코로나 이전의 40~50대 연령과 맞먹는 비율로 올라간 것을 볼 수 있다.

팬데믹 이전에는 60대 이상의 연령층에서만 과반수가 강력한 지도자의 필요성을 느끼고 있었던 반면, 팬데믹 이후 10대를 제외한 모든 연령층에서 절반 이상이 강력한 지도자가 필요하다는 인식을 갖고 있었다.

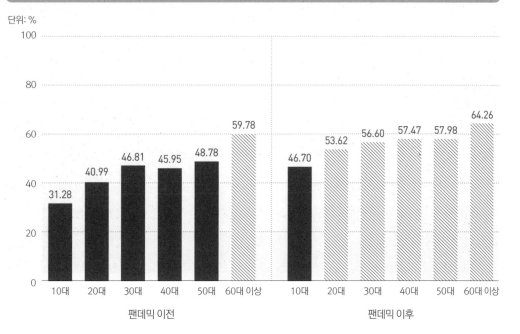

단위: %

팬데믹 이전

팬데믹 이후

그래프로 나타내지는 않았지만 연령 대신 성별로 구분해 동일한 분석을 했을 때도 비슷한 결과를 확인할 수 있었다. 즉 남녀 모두 코로나 팬데믹 이전에 비해 강력한 리더십에 대한 선호도가 높아졌다. 구체적으로 남성은 4.41점에서 4.63점으로 0.22점이, 여성은 3.84에서 4점으로 0.16점 증가했다. 미미했지만 이 역시 통계적으로 유의했다.

팬데믹 같은 사회적 위기 상황에서는 강력한 리더십에 대한 필요성이 높아지는 것으로 보인다. 이러한 인식의 변화는 특정 연령층에서만 나타나는 현상이 아니라 젊은 층부터 노년층에 이르는 전 세대에서 관찰됐으며 여성과 남성 모두에게서 나타났다.

다음으로는 코로나 팬데믹 전후 비교를 넘어, 팬데믹 이후 강력한 리더십에 대한 선호도 증가가 코로나 감염에 대한 불안 수준과 실제로 관련되어 있을지를 알아보기로 했다.

감염에 대한 공포와 지도자 선호 관계
코로나 팬데믹이 전 세계를 강타한 이래로 팬데믹으로 인한 충격과 위기에서 자유로운 사람은 아무도 없을 것이다. 그러나 동일한 팬데

믹 상황에 놓여 있더라도 개개인이 느끼는 실존적 두려움과 공포, 불안 수준은 저마다 다를 것이다.

매일 코로나 관련 뉴스를 확인하며 코로나에 감염될지 모른다는 걱정을 온종일 달고 다니는 사람이 있는가 하면, 난 절대 코로나에 감염되지 않을 것이며 혹여 감염될지라도 이를 대수롭지 않게 여기지 않는 사람들도 있다.

따라서 코로나 팬데믹 이후 기간 동안, 코로나 감염에 대한 불안을 보통 사람들보다 상대적으로 많이 느끼는 사람과 상대적으로 불안을 적게 느끼는 사람들 간에는 강력한 리더가 필요하다는 인식에서도 차이가 있을 것이다.

이를 알아보기 위해 코로나 이후 기간 동안 수집한 카카오 같이가치 마음날씨 응답 문항 중 코로나 감염에 대한 불안을 측정한 문항을 사용해 강력한 지도자 선호도와의 관련성을 알아보았다.

문항은 "코로나에 감염될까 봐 많이 두렵다"이며 응답은 1점(전혀 그렇지 않다)부터 5점(매우 그렇다) 사이로 응답할 수 있다. 점수가 높을수록 코로나 감염에 대한 두려움을 상대적으로 많이 느끼고 있음을 의미한다.

코로나에 감염될
걱정을 상대적으로
많이 하는 사람들은
그렇지 않은 사람들에
비해 우리 사회에
강력한 리더십을
발휘하는 사람이
필요하다는 인식이
더 강했다.

분석 결과, 코로나 감염에 대한 불안 수준이 높을수록 강력한 지도자에 대한 선호도 역시 같이 증가하는 관계가 있었다. 즉 코로나에 감염될 걱정을 상대적으로 많이 하는 사람들은 그렇지 않은 사람들에 비해 우리 사회에 강력한 리더십을 발휘하는 사람이 필요하다는 인식이 더 강했다.

이러한 결과를 바탕으로, 2021년 한 해 동안 코로나 감염에 대한 불안 수준과 강력한 리더십 선호도가 기간에 따라 비슷하게 변화하는지를 월별 평균을 통해 알아보았다(그래프 22).

약간의 차이는 있었지만, 코로나 감염에 대한 불안과 강력한 리더십에 대한 선호도는 전반적으로 같은 방향으로 함께 움직이는 패턴을 보였다. 감염에 대한 공포가 감소할 때 강력한 지도자에 대한 선호도가 감소하고, 반대로 감염에 대한 공포가 높아지는 시기에 강력한 리더십에 대한 선호도 역시 함께 오르는 패턴이 있었다.

예를 들면 델타 변이 확산으로 인해 하루 확진자 수가 1,000명 이상으로 증폭했던 2021년 7월 코로나 감염에 대한 공포가 높아지면서 강력한 리더십에 대한 선호도 역시 큰 폭으로 증가했다.

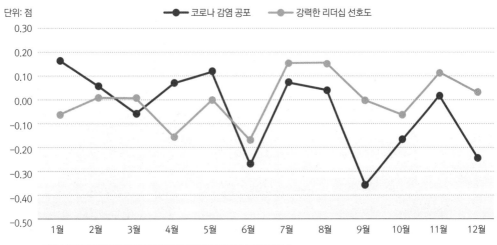

그래프 22 2021년 코로나 감염에 대한 불안과 강력한 리더십 선호도의 월별 변화 패턴

* 코로나 감염 공포와 강력한 리더십의 월별 평균은 표준화 점수를 사용해 나타냄.

이후 8월을 지나 9월로 가면서 일별 신규 확진자 수가 크게 누그러지지는 않았지만, 백신 접종률이 70%에 달했던 9월(9월 21일 기준 1차 접종 완료자 71.1%, 질병관리청 보도자료)에 코로나 감염에 대한 공포가 큰 폭으로 낮아지고 강력한 리더십에 대한 선호도도 감소하는 패턴을 보였다.

이후 11월부터 시작되는 위드 코로나를 앞두고 전반적으로 코로나 감염에 대한 불안 수준이 다시 높아졌다. 이는 단계적 일상 회복으로 인한 사회적 거리두기의 대대적 완화로 인해 코로나 감염 가능성이 커질 것에 대한 기대가 작용해 생긴 불안이라고 할 수 있다. 마찬가지로 강력한 리더십에 대한 선호도 역시 이 기간에 크게 증가했다.

앞서 심리적 불안에 대한 방어적인 태도가 정치적 이데올로기와는 구분되는 태도라고 했으나 혹자는 이 관계가 정치적 보수 성향 혹은 진보 성향에 따라 다르게 나타날 것으로 예상할 수도 있다. 카카오에서는 참여자의 정치적 성향에 관한 직접적인 정보를 따로 수집하지 않기 때문에, 서울대학교 행복연구센터에서 대한민국 국민 약

더 중요한 것은, 이 모든 것이 코로나라는 전대미문의 위기 속에서 사회적 혼란과 불안에 지혜롭게 대처하는 슬기로운 지도자를 원한다는 동기에서 출발한다는 점이다.

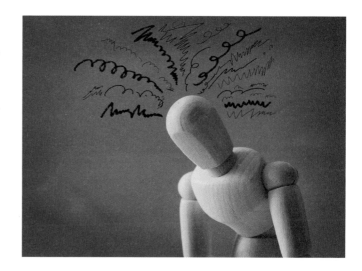

1,000명을 대상으로 코로나 감염에 대한 불안, 강력한 리더십에 대한 선호도, 정치적 성향을 측정하는 설문을 추가로 실시해 관계를 살펴보았다.

분석 결과, 코로나 감염에 대한 불안이 강력한 리더십에 대한 선호도로 이어지는 관계는 특정 정치적 성향을 지닌 사람들에게서만 나타나는 것이 아니었다(Kim 등, 2022).

한마디로, 정치적으로 진보에 가까운 사람이든 보수에 가까운 사람이든 상관없이 코로나 감염에 대한 불안 수준이 높으면 강력한 리더십을 발휘하는 지도자를 더 선호할 가능성이 있다.

우리가 원하는 강력한 지도자란

강력한 지도자에 대한 정의는 저마다 다를 것이다. 누군가에게 강력한 리더는 막강한 권위와 지위를 휘두르는 지도자를 상상하게 만들 수도 있다. 반대로 부드럽지만, 내면의 단단한 용기를 지닌 지도자를 진정한 강력한 리더로 보는 사람도 있을 것이다.

강력한 지도자가 정확히 어떤 특성을 지닌 리더인지를 정의하는 것도 중요하다. 그러나 더 중요한 것은, 이 모든 것이 코로나라는 전대미문의 위기 속에서 사회적 혼란과 불안에 지혜롭게 대처하는 슬기로운 지도자를 원한다는 동기에서 출발한다는 점이다.

우리는 예상과 달리 빠르게 새로운 일상(New normal)에 적응했다.

학생들은 화상 수업을 하고, 직장인들은 재택근무를 하는 것이 일상이 됐다. 연말 모임은 취소되거나 비대면 모임으로 대체되기도 했으며 야외 활동은 축소됐다. 집은 물리적 공간의 개념에서 심리적으로 안전한 공간으로 바뀌었으며 이와 함께 취미 생활과 문화생활을 즐기는 공간으로 바뀌어가고 있다.

이렇듯 새로운 일상에 적응하는 것과 함께 사람들은 일상의 회복을 위해 적극적으로 노력하고 있다. 사람들은 어느 곳에서든 마스크를 착용하고, 사회적 거리두기를 준수한다. 이와 더불어 정부의 방역 지침에 따라 백신 접종을 하고 있다.

2021년 2월 26일, 한국은 고령자 또는 요양병원 같은 고령자 집단 시설 종사자들을 대상으로 가장 먼저 백신 접종을 시작했다. 2021년 12월 31일 기준 한국의 코로나 백신 1차 접종률은 86%, 2차 접종을 완료한 사람은 약 83%에 이르렀다. 이른바 3차 접종은 10월 12일부터 접종을 시작해 2021년 약 33%가 접종을 완료했다 (그래프 23).

주요 국가들의 백신 접종률을 비교해봐도 한국의 백신 접종률이 매우 높은 편이다(그래프 24). 1·2차 접종을 모두 받은 접종 완료자가 전체 인구 대비 80% 이상으로 나타난 곳은 OECD 38개 회원국 가운데 포르투갈(89%), 칠레(86%), 한국(83%), 스페인(81%) 4개국뿐이었다.

누가 백신을 두려워하는가

백신과
코로나 확진에 대한
두려움

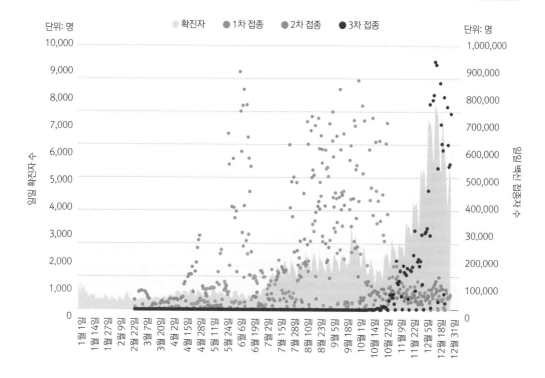

그래프 23 일일 확진자 수와 백신 접종자 수

단위: 명

● 확진자 ● 1차 접종 ● 2차 접종 ● 3차 접종

단위: 명

일상 회복을 위해
개인과 사회가 할 수
있는 최선의 전략은
대규모 예방 접종일
것이다. 그러나 모든
사람이 백신 접종에
선뜻 참여하는 것은
아니다.

일상 회복을 위해 개인과 사회가 할 수 있는 최선의 전략은 대규모 예방 접종(Vaccination)일 것이다(미국 질병통제예방센터, 2021). 그러나 모든 사람이 백신 접종에 선뜻 참여하는 것은 아니다.

2021년 7월 조사에 따르면, 백신 접종으로 인한 부작용 또는 이상 반응을 두려워한다는 응답이 53%로, 백신 미접종으로 인한 코로나 감염 두려움을 느낀다는 51.7%보다 더 높았다(고정민, 2021).

한편 백신 예방 접종을 받을 의향은 2021년 4월(61.4%), 5월(69.2%), 6월(77.3%), 7월(84.1%)까지 꾸준히 증가했다. 8월(76.1%)에 다소 감소했으나 대체로 높은 예방 접종 의도를 보였다(보건복지부, 2021). 이는 백신 접종 의향과 함께 백신으로 인한 부작용 또는 이상 반응에 대한 두려움이 공존하고 있다는 것을 보여준다.

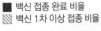

■ 백신 접종 완료 비율
░ 백신 1차 이상 접종 비율

단위: %

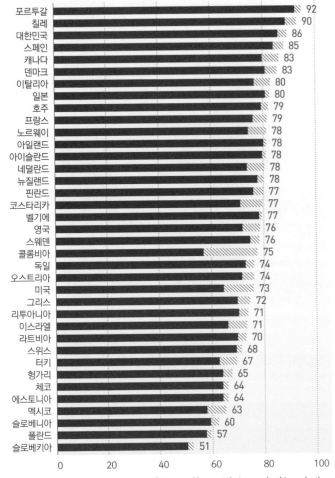

출처: https://ourworldindata.org/covid-vaccinations

백신 접종 계획이 있는 사람들은 감염 예방 효과(50.9%)를 백신 접종 시 중요하게 고려하는 요인으로 꼽은 반면, 백신 접종 계획이 없는 사람들은 백신 자체의 안전성(65.8%)을 가장 중요하게 생각했다 (KBS, 2021).

사람들이 가지는 두려움은 백신의 특성에 기인하는 것만은 아닐 수 있다. 다시 말해 자신과 동일한 연령대 중 얼마나 많은 사람이 백신 접종을 완료했는지, 잠재적 위험에 대해 어느 정도 감수할 수 있는지에 따라 백신에 대한 두려움이 다를 수 있다.

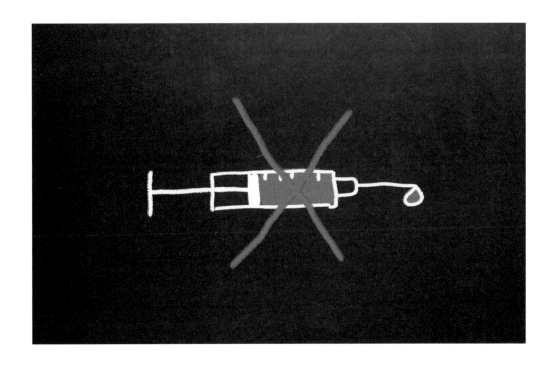

사람들이 가지는
두려움은 백신의
특성에 기인하는
것만은 아닐 수 있다.

이에 본 연구진은 백신 접종과 코로나 감염에 대한 두려움에 개인의 심리사회적 특성에 따른 차이를 알아보고자 했다. 이를 위해 2021년 9월 한 달 동안 20대부터 60대까지 성인 1,080명을 대상으로 전문 조사 업체를 통해 설문을 했다.

전체 응답자 중 여성은 51.8%(559명), 남성은 48.2%(521명)였다. 연령대를 살펴보면 20대가 19.2%(207명), 30대 20.1%(217명), 40대 19.3%(208명), 50대 20.4%(220명), 60대가 21.1%(228명)였다.

백신 접종에 대한 두려움은 총 5개 문항(문항 신뢰도=.894)[4]이며 응답자들은 자신의 생각과 일치하는 정도를 1점(전혀 그렇지 않다)부터 7점(매우 그렇다) 사이의 숫자로 응답했다. 문항 예시로 "백신 접종 부작용이 생길까 봐 매우 두렵다", "백신 부작용 관련 뉴스나 소식을 접할 때 긴장되고 불안해진다"가 포함되어 있다.

---

4 문항 신뢰도(Cronbach's alpha)는 각 문항의 내적 일관성을 나타내는 지표를 말한다. 측정을 위해 사용하는 개별 문항 간 응답에 대한 일관성을 나타낸다.

감염에 대한 두려움 역시 5개 문항(문항 신뢰도=.91)이며 백신 접종 문항과 마찬가지로 1점부터 7점 척도상에 응답했다. "코로나에 감염될까 봐 매우 두렵다"와 "코로나 관련 뉴스나 소식을 접할 때 긴장되고 불안해진다" 같은 문항들이 포함되어 있다.

20대, 여성, 그리고 중도 성향층이 경험하는 두려움

먼저 연령별 백신 접종에 대한 두려움을 분석한 결과, 20대가 백신 접종에 대한 두려움이 가장 컸다. 특히 20대는 50대와 비교했을 때 백신 접종으로 인한 부작용 또는 이상 반응에 대한 두려움도 더 컸다. 백신 접종에 대한 두려움이 코로나 감염에 대한 두려움보다 더 컸음을 확인할 수 있었다(그래프 25).

본 조사에서는 두려움의 '정도'만 측정했기 때문에 두려움의 '이유'를 정확하게 파악할 수 없다. 백신 접종 의향에 관한 또 다른 조사 결과를 통해 연령별로 백신 접종에 대한 두려움이 무엇에서 기인한 것인지 추측해볼 수 있다.

백신 접종 의향에 대한 또 다른 조사에 따르면, 백신의 안전성을 가장 중요하게 여기는 사람들은 바로 20대였다.

20대는 백신 접종 시 백신 접종으로 인한 부작용 여부(55.3%)를 백신 접종으로 인한 자신의 감염 예방(37.1%), 사회 전체의 감염 예

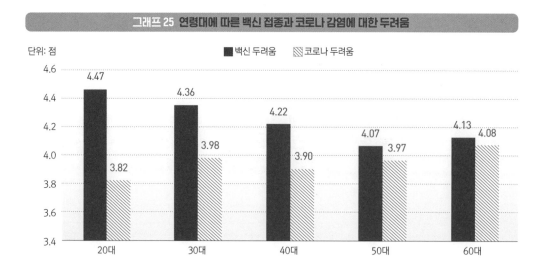

그래프 25 연령대에 따른 백신 접종과 코로나 감염에 대한 두려움

단위: 점 ■ 백신 두려움 ▨ 코로나 두려움

연령대	백신 두려움	코로나 두려움
20대	4.47	3.82
30대	4.36	3.98
40대	4.22	3.90
50대	4.07	3.97
60대	4.13	4.08

백신 접종 의향에 대한 또 다른 조사에 따르면, 백신의 안전성을 가장 중요하게 여기는 사람들은 바로 20대였다.

방(30.2%) 효과보다 더 많이 고려했다. 반면 50대는 백신 부작용 (32.3%)에 비해 자신(43.2%)과 사회(48.5%)의 감염 예방 효과를 더 중요하게 고려했다(KBS, 2021).

성별에 따른 두려움 차이를 살펴본 결과, 남성에 비해 여성이 백신 접종으로 인한 부작용이나 이상 반응을 더 두려워했다(그래프 26).

또 다른 조사에서도 남성(71.8%)에 비해 여성(61.1%)의 백신 접종 의향이 더 낮았는데, 여성은 백신 자체의 안전성(47.8%)보다 백신 접종으로 인한 부작용(53.7%) 여부를 더 중요하게 고려했다(KBS, 2021). 이렇듯 여성들이 느끼는 백신으로 인한 부정적 결과에 대한 염려는 남성(36.3%)에 비해 약 48% 더 높았다.

백신 접종에 대한 두려움은 정치 성향에 따라서도 달랐다. 전체 응답자 평균(4.25점)과 비교했을 때, 다소 진보적 성향의 사람들은 전체 평균보다 백신에 대한 두려움 정도가 낮았고, 중도 성향은 전체 응답자들이 느끼는 두려움보다 약간 더 높았으며, 보수 성향은 전체 평균과 차이가 없었다.

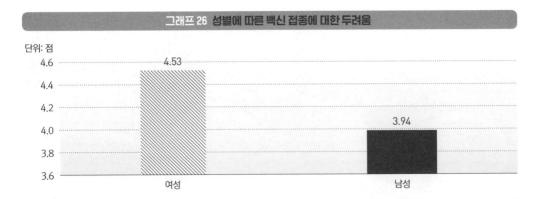

그래프 26 성별에 따른 백신 접종에 대한 두려움

단위: 점

여성 4.53
남성 3.94

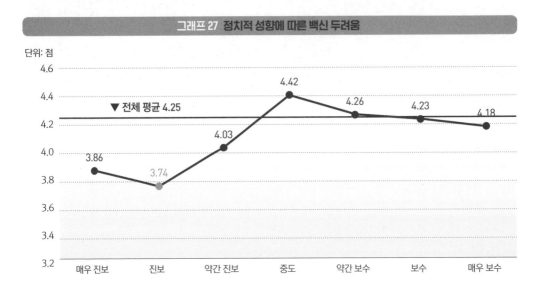

그래프 27 정치적 성향에 따른 백신 두려움

단위: 점

▼ 전체 평균 4.25

매우 진보 3.86
진보 3.74
약간 진보 4.03
중도 4.42
약간 보수 4.26
보수 4.23
매우 보수 4.18

'성장주의자'와 '안전주의자'의 두려움

같은 목표라도 이를 달성하기 위한 방식은 개인마다 다를 수 있다. 예를 들어 2022년 새해 목표로 일주일에 3일 이상 운동하기를 다짐한 두 사람이 있을 때, 각자가 운동하는 이유가 다를 수 있다. 누군가는 근육량 증가를 목표로 운동할 수 있다. 반면 또 다른 누군가는 현재의 근육량이나 체중을 유지하는 것이 목표가 될 수 있다.

이처럼 운동이라는 행동은 동일하지만 운동을 하도록 이끄는 개인의 동기(Motivation)가 다를 수 있다.

이처럼 운동이라는 행동은 동일하지만 운동을 하도록 이끄는 개인의 동기가 다를 수 있다.

조절 초점 이론(Higgins, 1998)에 따르면, 전자와 같이 더 나은 결과를 성취하기 위해 운동하는 사람을 성취 지향적 향상 초점(Promotion focus)을 지닌 사람으로 묘사하기도 한다. 한편 현재의 체격을 유지하는 것을 목표로 하는 후자는 안전을 중시하는 예방 초점(Prevention focus)으로 표현한다.

개인이 어떤 조절 초점을 가지고 있는지, 즉 향상 초점인지 예방 초점을 가지는지에 따라 중요하게 생각하는 가치도 달라진다. 향상 초점을 지닌 '성장주의자'는 성취나 성장 같은 긍정적 결과의 획득을 중요시하는 반면, 예방 초점을 지닌 '안전주의자'는 의무나 안전을 중요시한다.

이렇듯 성장주의자와 안전주의자가 중요시하는 가치의 차이는 백신 접종에 대한 두려움에도 영향을 미칠 수 있다. 분석 결과, 성장주의자(평균 4.12점)보다 안전주의자(평균 4.52점)가 백신 접종에 대해 더 큰 두려움을 느끼고 있었다.

특히 성장 제일주의자(향상 초점 점수가 7점인 경우)와 안전 제일주의
자(예방 초점 점수 7점인 경우)가 경험하는 백신에 대한 두려움은 각각
3.25점과 5.80점으로, 성장 제일주의자에 비해 안전 제일주의자가
느끼는 두려움이 약 1.8배 높았다(그래프 28).

보다 자세히 분석한 결과, 예방 초점 성향이 높을수록 백신을 두려
워하는 정도 역시 증가했다(B=.13, p<.001). 반면 향상 초점 성향과
백신 두려움 간에는 아무런 관련이 없었다(B=-.02, p>.05).

두렵지만 직면해야 하는 두려움
어느덧 코로나 2년 차에 접어들면서 일상의 많은 부분이 바뀌었지
만, 사람들은 새로운 일상에 빠르게 적응해갔다. 그러나 변화와 적
응의 이면에는 두려움이 늘 존재한다. 백신과 치료제를 개발하고 있
음에도 사람들은 여전히 두려워하고 있다.

갑작스럽게 찾아온 새로운 일상에서 두려움을 느끼는 것은 어쩌면
자연스러운 반응이다. 그러나 이러한 두려움을 당연히 여기고 받아들이는
것은 개인뿐 아니라 사회 전체에 위협이 될 수 있다.

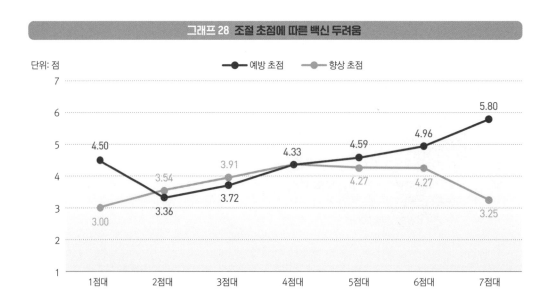

그래프 28 조절 초점에 따른 백신 두려움

단위: 점

— 예방 초점　— 향상 초점

	1점대	2점대	3점대	4점대	5점대	6점대	7점대
예방 초점	4.50	3.36	3.72	4.33	4.59	4.96	5.80
향상 초점	3.00	3.54	3.91		4.27	4.27	3.25

본 조사에서도 코로나 감염에 대한 두려움이 평균 3.95점으로 전체 응답자 가운데 54.5%가 보통 수준(4점) 이상이었다. 이에 더해 최근 이스라엘이나 칠레 등 다른 국가에서 4차 백신 접종을 시작하면서 감염에 대한 두려움과 더불어 백신에 관한 두려움도 커지고 있다.

갑작스럽게 찾아온 새로운 일상에서 두려움을 느끼는 것은 어쩌면 자연스러운 반응이다. 그러나 이러한 두려움을 당연히 여기고 받아들이는 것은 개인뿐 아니라 사회 전체에 위협이 될 수 있다.

코로나가 장기화하면서 사람들이 경험하는 감염에 대한 두려움이나 불안이 외부인에 대한 차별로 이어질 수 있기 때문이다(Haft & Zhou, 2021). 이는 코로나 확산에 대응하기 위한 물리적 방역뿐 아니라 두려움에 대처할 수 있는 심리적 방역이 중요함을 시사한다.

2021년 안녕지수 상세 정보

안녕지수 분포

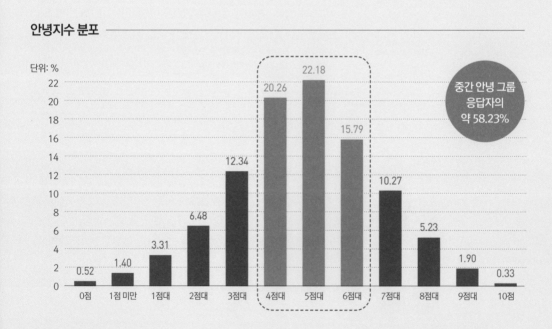

단위: %

중간 안녕 그룹
응답자의
약 58.23%

0점	1점 미만	1점대	2점대	3점대	4점대	5점대	6점대	7점대	8점대	9점대	10점
0.52	1.40	3.31	6.48	12.34	20.26	22.18	15.79	10.27	5.23	1.90	0.33

삶의 만족 분포

단위: %

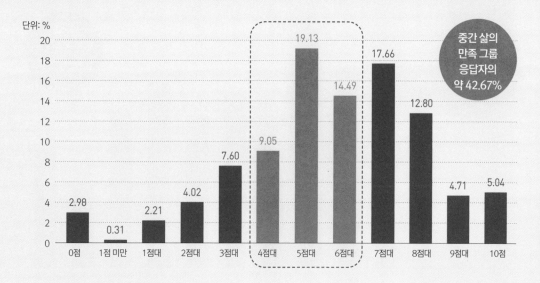

점수	값
0점	2.98
1점 미만	0.31
1점대	2.21
2점대	4.02
3점대	7.60
4점대	9.05
5점대	19.13
6점대	14.49
7점대	17.66
8점대	12.80
9점대	4.71
10점	5.04

중간 삶의 만족 그룹 응답자의 약 42.67%

삶의 의미 분포

단위: %

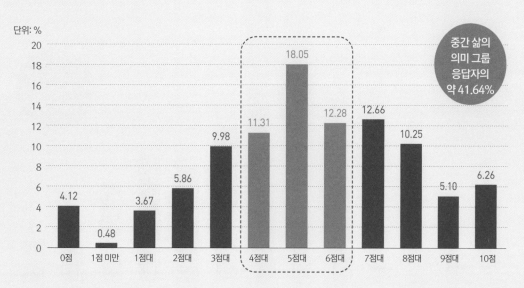

점수	값
0점	4.12
1점 미만	0.48
1점대	3.67
2점대	5.86
3점대	9.98
4점대	11.31
5점대	18.05
6점대	12.28
7점대	12.66
8점대	10.25
9점대	5.10
10점	6.26

중간 삶의 의미 그룹 응답자의 약 41.64%

스트레스 분포

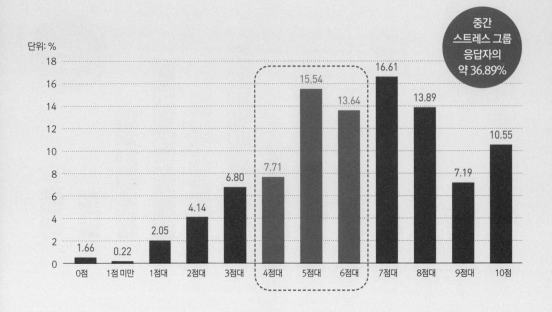

단위: %

중간 스트레스 그룹 응답자의 약 36.89%

0점	1점 미만	1점대	2점대	3점대	4점대	5점대	6점대	7점대	8점대	9점대	10점
1.66	0.22	2.05	4.14	6.80	7.71	15.54	13.64	16.61	13.89	7.19	10.55

행복 분포

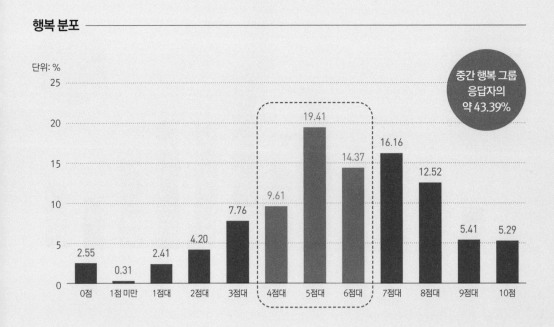

단위: %

중간 행복 그룹 응답자의 약 43.39%

0점	1점 미만	1점대	2점대	3점대	4점대	5점대	6점대	7점대	8점대	9점대	10점
2.55	0.31	2.41	4.20	7.76	9.61	19.41	14.37	16.16	12.52	5.41	5.29

즐거움 분포

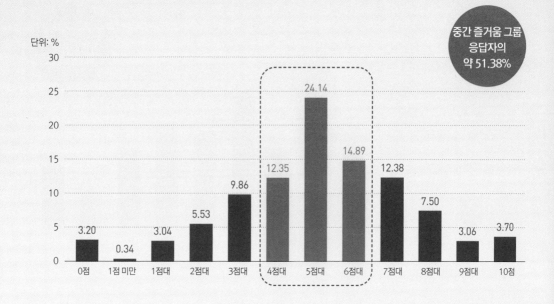

단위: %

중간 즐거움 그룹
응답자의
약 51.38%

0점	1점 미만	1점대	2점대	3점대	4점대	5점대	6점대	7점대	8점대	9점대	10점
3.20	0.34	3.04	5.53	9.86	12.35	24.14	14.89	12.38	7.50	3.06	3.70

평안함 분포

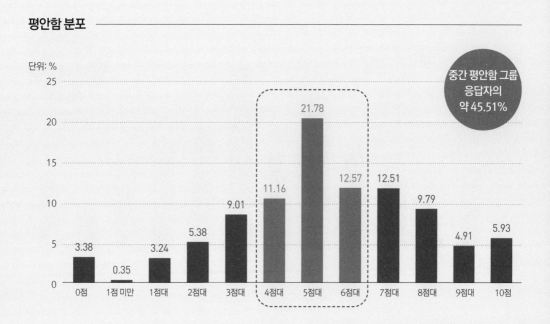

단위: %

중간 평안함 그룹
응답자의
약 45.51%

0점	1점 미만	1점대	2점대	3점대	4점대	5점대	6점대	7점대	8점대	9점대	10점
3.38	0.35	3.24	5.38	9.01	11.16	21.78	12.57	12.51	9.79	4.91	5.93

지루함 분포

단위: %

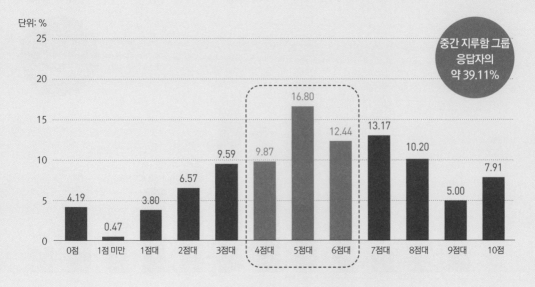

중간 지루함 그룹
응답자의
약 39.11%

짜증 분포

단위: %

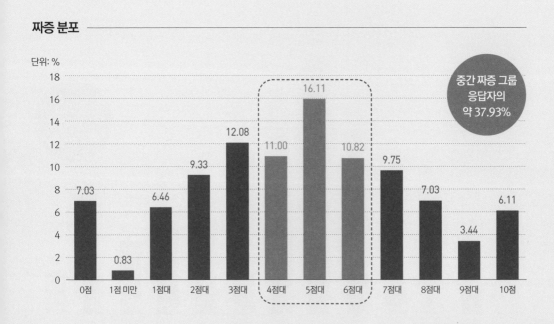

중간 짜증 그룹
응답자의
약 37.93%

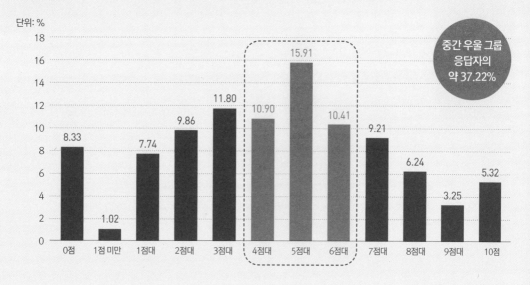

단위: %

0점	1점 미만	1점대	2점대	3점대	4점대	5점대	6점대	7점대	8점대	9점대	10점
8.33	1.02	7.74	9.86	11.80	10.90	15.91	10.41	9.21	6.24	3.25	5.32

중간 우울 그룹 응답자의 약 37.22%

불안 분포

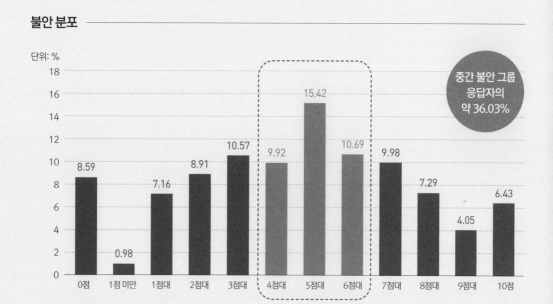

단위: %

0점	1점 미만	1점대	2점대	3점대	4점대	5점대	6점대	7점대	8점대	9점대	10점
8.59	0.98	7.16	8.91	10.57	9.92	15.42	10.69	9.98	7.29	4.05	6.43

중간 불안 그룹 응답자의 약 36.03%

참고문헌

Part 01 당신은 지금 얼마나 행복한가요?

권혜림 (2021). 어린이날? 어른이날! "날 위해 선물 샀다" 지갑 여는 어른들. https://www.joongang.co.kr/article/24050826#home에 서 인출.

김소현 (2021). "성인이 된 나도 소중"… '어른이날' 선물 챙기는 어른들. https://www.donga.com/news/Society/article/all/20210504/106770013/1에서 인출.

매일경제 (2022). "코로나 시대 불평등의 팬데믹"…지구촌 소득·소비 양극화 심화. https://www.mk.co.kr/news/economy/view/2022/01/66269/에서 인출.

산림청 (2020). 2020년 산림기본통계. https://kfss.forest.go.kr/stat/ptl/article/articleDtl.do에서 인출.

이윤정 (2021). '부모보다 가난한 첫 세대' 청년층, 팬데믹에 더 아프다. https://www.khan.co.kr/world/world-general/article/202104261651001에서 인출.

통계청 (2021). 경제활동인구조사. https://kostat.go.kr/portal/korea/kor_nw/1/3/2/index.board에서 인출.

Carstensen, L. L., Shavit, Y. Z., & Barnes, J. T. (2020). Age advantages in emotional experience persist even under threat from the COVID-19 pandemic. *Psychological Science, 31*(11), 1374-1385. doi: https://doi.org/10.1177/0956797620967261

Cheng, T. C., Kim, S., & Koh, K. (2020). The impact of COVID-19 on subjective well-being: Evidence from Singapore. IZA Discussion Paper, 13702, doi: http://dx.doi.org/10.2139/ssrn.3695403

Choi, I., Kim, J. H., Kim, N., Choi, E., Choi, J., Suk, H. W., & Na, J. (2021). How COVID-19 affected mental well-being: An 11-week trajectories of daily well-being of Koreans amidst COVID-19 by age, gender and region. *PloS one, 16*(4), e0250252. doi: https://doi.org/10.1371/journal.pone.0250252

Cross, S. E., & Madson, L. (1997). Models of the self: Self-construals and gender. *Psychological Bulletin, 122*, 5-37.

Do, Y. (2019). Valuating aesthetic benefits of cultural ecosystem services using conservation culturomics. *Ecosystem Services, 36*, 100894. doi: https://doi.org/10.1016/j.ecoser.2019.100894

Ford, M. B. (2021). Social distancing during the COVID-19 pandemic as a predictor of daily psychological, social, and health-related outcomes. *The Journal of General Psychology, 148*(3), 249-271. doi: https://doi.org/10.1080/00221309.2020.1860890

Helliwell, J. F., Huang, H., Wang, S., & Norton, M. (2021). World happiness, trust and deaths under COVID-19. *World Happiness Report 2021*, 13-56. https://www.researchgate.net/profile/Shun-Wang-31/publication/350511691_World_Happiness_Trust_and_Deaths_under_COVID-19/links/6063d19b299bf173677dc90c/World-Happiness-Trust-and-Deaths-under-COVID-19.pdf에서 인출.

Krekel, C., & MacKerron, G. (2020). How environmental quality affects our happiness. *World Happiness Report 2020*, 95-112. https://worldhappiness.report/ed/2020/how-environmental-quality-affects-our-happiness에서 인출.

Pew Research Center, November, 2021, "What Makes Life Meaningful? Views From 17 Advanced Economies" https://www.pewresearch.org/global/wp-content/uploads/sites/2/2021/11/PG_11.18.21_meaning-in-life_fullreport.pdf에서 인출.

Seresinhe, C. I., Preis, T., MacKerron, G., & Moat, H. S. (2019). Happiness is greater in more scenic locations. *Scientific Reports, 9*, 4498. doi: https://doi.org/10.1038/s41598-019-40854-6

White, M. P., Alcock, I., Grellier, J., Wheeler, B. W., Hartig, T., Warber, S. L., … & Fleming, L. E. (2019). Spending at least 120 minutes a week in nature is associated with good health and wellbeing. *Scientific Reports, 9*, 7730. doi: https://doi.org/10.1038/s41598-019-44097-3

코로나 2년 차, 마음의 안녕을 잠식하는 외로움

건강보험심사평가원 (2021). 국민관심질병통계. http://opendata.hira.or.kr/op/opc/olapMfrnIntrsIlnsInfo.do에서 인출.

김옥수 (1997). 한국어로 번역된 UCLA 외로움 사정도구의 신뢰도 및 타당도 조사. 대한간호학회지, 27(4), 871-879.

서울신문 (2021, 1, 2). 타인과 관계 맺지 못하는 사람들… 코로나가 '사회적 고립' 더 키웠다. https://www.seoul.co.kr/news/newsView.php?id=20220103003005에서 인출.

통계청 (2021). 의약외품 산업현황. http://www.index.go.kr/potal/main/EachDtlPageDetail.do?idx_cd=3059에서 인출.

통계청 (2022). 사회적 고립도. http://www.index.go.kr/unify/idx-info.do?idxCd=8080에서 인출.

Eisenberger, N. I., Lieberman, M. D., & Williams, K. D. (2003). Does rejection hurt? An fMRI study of social exclusion. *Science, 302*(5643), 290-292. Doi: 10.1126/science.1089134

Lee, S. L., Pearce, E., Ajnakina, O., Johnson, S., Lewis, G., Mann, F., … & Lewis, G. (2021). The association between loneliness and depressive symptoms among adults aged 50 years and older: A 12-year population-based cohort study. *The Lancet Psychiatry, 8*(1), 48-57. Doi: 10.1016/S2215-0366(20)30383-7

OECD (2021, 5, 12). Tackling the mental health impact of the COVID-19 crisis: An integrated, whole-of-society response. https://www.oecd.org/coronavirus/policy-responses/tackling-the-mental-health-impact-of-the-covid-19-crisis-an-integrated-whole-of-society-response-0ccafa0b/에서 인출.

유머와 행복감의 관계

윤병렬 (2013). 한국해학의 예술과 철학. 아카넷.

Barelds D. P. H., & Barelds-Dijkstra P. (2010). Humor in intimate relationships: Ties among sense of humor, similarity in humor and relationship quality. *Humor: International Journal of Humor Research, 23*(4), 447-465.

Bitterly, T. B., Brooks, A. W., & Schweitzer, M. E. (2017). Risky business: When humor increases and decreases status. *Journal of Personality and Social Psychology, 112*(3), 431-455.

Boyle, G. J., & Joss-Reid, J. M. (2004). Relationship of humour to health: A psychometric investigation. *British Journal of Health Psychology, 9*(1), 51-66.

Dixon, N. F. (1980). Humor-Cognitive Alternative to Stress. *Bulletin of The British Psychological Society, 33*, 18.

Fraley B. & Aron A. (2004). The effect of a shared humorous experience on closeness in initial encounters. *Personal Relationships, 11*, 61-78.

Fredriksson, A., & Henrik, G. (2020). The effect of humor styles on mate value and preferences in an online experiment. Masters Thesis.

Hahn, C. M., & Campbell, L. J. (2016). Birds of a feather laugh together: An investigation of humour style similarity in married couples. *Europe's Journal of Psychology, 12*(3), 406-419.

Johari, M. (2004). Humour and marital quality: Is humour style associated with marital success?. *Theses and Dissertations (Comprehensive)*. 170.

Lefcourt, H. M., Davidson, K., Shepherd R., Phillips, M., Prachin, K., & Mills, D. (1995), Perspective-taking humor: Accounting for stress moderation. *Journal of Social and Clinical Psychology, 14*(4), 373-391.

Masui, K., Fujiwara, H., & Ura, M. (2013). Social exclusion mediates the relationship between psychopathy and aggressive humor style in noninstitutionalized young adults. *Personality and Individual Differences, 55*(2), 180-184.

Martin, R. A., Puhlik-Doris, P., Larsen, G., Gray, J., & Weir, K. (2003). Individual differences in uses of humor and their relation to psychological well-being: Development of the Humor Styles Questionnaire. *Journal of Research in Personality, 37*(1), 48-75.

Porterfield, A. L. (1987). Does sense of humor moderate the impact of life stress on psychological and physical well-being?. *Journal of Research in Personality, 21*(3), 306-317.

Wanzer, M. B., Booth-Butterfield, M., & Booth-Butterfield, S. (1996). Are funny people popular? An examination of humor orientation, loneliness, and social attraction. *Communication Quarterly, 44*(1), 42-52.

당신은 행복에 배부르십니까?

배민트렌드 2021 (2021). (주)우아한형제들. https://d1mphx2csg3pcg.cloudfront.net/file/bm_trend2021.pdf에서 인출.

식품의약품안전처 (2021). 의료용 마약류 식욕억제제 '안전사용 도우미' 온라인 서한 제공. 보도자료(2021.2.21). https://www.mfds.go.kr/docviewer/skin/doc.html?fn=20210222074102806.hwp&rs=/docviewer/result/ntc0021/45072/1/202203에서 인출.

Blumenthal, D. M., & Gold, M. S. (2010). Neurobiology of food addiction. *Current Opinion in Clinical Nutrition & Metabolic Care, 13*(4), 359-365. doi: 10.1097/MCO.0b013e32833ad4d4

Elfhag, K., & Rössner, S. (2005). Who succeeds in maintaining weight loss? A conceptual review of factors associated with weight loss maintenance and weight regain. *Obesity Reviews, 6*(1), 67-85. https://doi.org/10.1111/j.1467-789X.2005.00170.x

Galmiche, M., Déchelotte, P., Lambert, G., & Tavolacci, M. P. (2019). Prevalence of eating disorders over the 2000-2018 period: A systematic literature review. *American Journal of Clinical Nutrition, 109*(5), 1402-1413. https://doi.org/10.1093/ajcn/nqy342

van Strien, T., Frijters, J. E. R., Bergers, G. P. A., & Defares, P. B. (1986). The Dutch Eating Behavior Questionnaire (DEBQ) for assessment of restrained, emotional, and external eating behavior. *International Journal of Eating Disorders, 5*(2), 295-315. https://doi.org/10.1002/1098-108X(198602)5:2〈295::AID-EAT2260050209〉3.0.CO:2-T

코로나 잔여백신은 왜 순식간에 동났을까?

Albarracin, D., Johnson, B. T., Fishbein, M., & Muellerleile, P. A. (2001). Theories of reasoned action and planned behavior as models of condom use: a meta-analysis. *Psychological Bulletin, 127*(1), 142-161.

Bagozzi, R., Wong, N., Abe, S., & Bergami, M. (2000). Cultural and situational contingencies and the theory of reasoned action: Application to fast food restaurant consumption. *Journal of Consumer Psychology, 9*(2), 97-106.

Cooke, R., & French, D. P. (2008). How well do the theory of reasoned action and theory of planned behaviour predict intentions and attendance at screening programmes? A meta-analysis. *Psychology and Health, 23*(7), 745-765.

Hagger, M., Chatzisarantis, N., Barkoukis, V., Wang, J., Hein, V., Pihu, M., Soós, I., & Karsai, I. (2007). Cross-cultural generalizability of the theory of planned behavior among young people in a physical activity context. *Journal of Sport & Exercise Psychology, 29*(1), 1-20.

Higgins, E. T. (1997). Beyond pleasure and pain. *American Psychologist, 52*(12), 1280-1300.

Higgins, E. T. (1998). Promotion and prevention: Regulatory focus as a motivational principle. *Advances in Experimental Social Psychology, 30*, 1-46.

Lee, C., & Green, R. T. (1991). Cross-cultural examination of the Fishbein behavioral intentions model. *Journal of International Business Studies, 22*(2), 289-305.

Tomaino, S. C. M., Cipolletta, S., Kostova, Z., & Todorova, I. (2021). Stories of life during the first wave of the COVID-19 pandemic in italy: A qualitative study. *International Journal of Environmental Research and Public Health, 18*(14), 7630.

코로나가 강화시킨 리더십의 가치

질병관리청 (2022). 코로나바이러스감염증-19국내발생현황 (2022년 3월 1일 검색). http://ncov.mohw.go.kr/

Arrowood, R. B., Cox, C. R., Kersten, M., Routledge, C., Shelton, J. T., & Hood Jr, R. W. (2017). Ebola salience, death-thought accessibility, and worldview defense: A terror management theory perspective. *Death Studies, 41*(9), 585-591.

Greenberg, J., Pyszczynski, T., Solomon, S., Rosenblatt, A., Veeder, M., Kirkland, S., & Lyon, D. (1990). Evidence for terror management theory II: The effects of mortality salience on reactions to those who threaten or bolster the cultural worldview. *Journal of Personality and Social Psychology, 58*(2), 308-318.

Jost, J. T., Glaser, J., Kruglanski, A. W., & Sulloway, F. J. (2003). Political conservatism as motivated social cognition. *Psychological Bulletin, 129*(3), 339-375.

Kim. Y., Cha, S. E., Kim, N., Choi, I. (Under review). The Pandemic as an impetus for the Desire for a Strong Leader: The role of fear of COVID-19 related threats.

Rosenfeld, D. L., & Tomiyama, A. J. (2021). Can a pandemic make people more socially conservative? Political ideology, gender roles, and the case of COVID-19. *Journal of Applied Social Psychology, 51*(4), 425-433.

Sprong, S., Jetten, J., Wang, Z., Peters, K., Mols, F., Verkuyten, M., ... & Wohl, M. J. (2019). "Our country needs a strong leader right now": Economic inequality enhances the wish for a strong leader. *Psychological Science, 30*(11), 1625-1637.

누가 백신을 두려워하는가

고정민 (2021). '코로나보다 백신 이상반응이 더 무섭다'는 국민…"전문가 역할必". https://www.docdocdoc.co.kr/news/articleView.html?idxno=2016762에서 인출.

미국 질병통제예방센터(CDC) (2021). Our shot to end the pandemic. https://www.cdc.gov/coronavirus/2019-ncov/covid-data/covidview/past-reports/07232021.html에서 인출.

Haft, S. L., & Zhou, Q. (2021). An outbreak of xenophobia: Perceived discrimination and anxiety in Chinese American college students before and during the COVID-19 pandemic. *International Journal of Psychology, 56*(4), 522-531. doi: https://doi.org/10.1016/S0065-2601(08)60381-0

Higgins, E. T. (1998). Promotion and prevention: Regulatory focus as a motivational principle. In M. P. Zanna (Ed.), *Advances in Experimental Social Psychology* (Vol. 30, pp. 1-46). New York: Academic Press. doi: https://doi.org/10.1002/ijop.12740

KBS (2021, 4). 코로나19에 대한 일반국민 인식변화 추이 조사 결과보고서. https://news.kbs.co.kr/datafile/2021/04/16/304261618561505983.pdf에서 인출.

KI신서 10198
서울대 행복연구센터의 행복 리포트

대한민국 행복지도 2022 [코로나19 특집호 II]

1판 1쇄 인쇄 2022년 4월 6일
1판 1쇄 발행 2022년 4월 13일

지은이 서울대학교 행복연구센터
펴낸이 김영곤 **펴낸곳** ㈜북이십일 21세기북스
출판사업부문 이사 정지은 **인문기획팀** 양으녕 이지연 최유진 **표지 디자인** ALL design group
마케팅영업본부장 민안기 **마케팅1팀** 배상현 이나영 한경화 김신우
영업팀 이광호 최명열 **e-커머스팀** 장철용 김다운 **제작팀** 이영민 권경민

출판등록 2000년 5월 6일 제406-2003-061호
주소 (10881) 경기도 파주시 회동길 201(문발동)
대표전화 031-955-2100 **팩스** 031-955-2151 **이메일** book21@book21.co.kr

ⓒ 서울대학교 행복연구센터, 2022
ISBN 978-89-509-0041-0 13320
ISSN 2800-0331

㈜북이십일 경계를 허무는 콘텐츠 리더

21세기북스 채널에서 도서 정보와 다양한 영상자료, 이벤트를 만나세요!
페이스북 facebook.com/jiinpill21   **포스트** post.naver.com/21c_editors   **유튜브** youtube.com/book21pub
인스타그램 instagram.com/jiinpill21   **홈페이지** www.book21.com
서울대 가지 않아도 들을 수 있는 명강의! 〈서가명강〉
유튜브, 네이버, 팟캐스트에서 '서가명강'을 검색해보세요